カンタンなのにこんなに楽しい！

中学・高校
「学級レク」
83

幸野ソロ 著

学事出版

・ はじめに ・

「中高生でも学級レクをやるんですか？」

　こんな質問をよく受けます。この質問の意味には二つあって、一つは「中学・高校の授業（HRなど）で実施するのか？」ということ、もう一つは「中高生でも学級レクに参加するのか？」ということです。どちらも答えは、YESです！　実際に私は年間100校を超える中学・高校でレクを活用したコミュニケーション授業を行っており、年々、その数は増え続けています。

　レクは楽しい遊びです。参加した生徒からの感想も「高校生（中学生）にもなってレクをやるとは思わなかったけど、とても楽しかった！」というものがほとんどです。この「楽しい」ということが何より大切だと私は考えています。楽しいレクには、心身の解放や他者とのつながりや交流があります。結果として、クラスメイトのだれもがここに居ていいと思える、安心・安全なクラスづくりへとつながっていきます。レクは単なる遊びではなく、まさに人間関係づくりであり、生徒一人ひとりの居場所づくりなのです。

　本書では数多あるレクのなかから、中学・高校のクラスで使えるレクを厳選しました。とはいえ、「レクをやらなくては！」と教師自身が構えてしまうと、"楽しさ"からは離れていきます。ですから、授業やHRのアイスブレイクとして「ちょっとクイズ出します♪」くらいに、気軽に少しずつ行ってみていただければと思います。レクを特別なものとせずに肩の力を抜いて、まずは生徒たちとともに"楽しい"時間を過ごすことから始めてみてください。

幸野ソロ

＊各レクの右ページに、レクのサイズ（ペア＝Ｐ／グループ＝Ｇ／全体＝Ａ）、難易度（1
　～3）、実施時間の目安、用意するものの情報まとめました。レクを選ぶ際の参考にし
　てください。

カンタンなのにこんなに楽しい！
中学・高校「学級レク」83 **もくじ**

	はじめに	3
	序章	7

1章 出会いのレク ―みんなでアイスブレイク―

1	あいさつタッチ	18
2	ネームリング	20
3	ジャンケン遊び①	22
4	ジャンケン遊び②	24
5	足し算ジャンケン	26
6	セブンイレブンジャンケン	28
7	せーのジャンプ	30
8	ジャンケンバスケット	32
9	ヤドカリさん	34
10	うちの猫知りませんか？	36
11	拍手回し	38
12	ジップ・ザップ・ボーン	40
13	ネームトス	42
14	自分を探せ！	44
15	タコつぼキャッチ	46
16	言うこと一緒 やること逆	48
17	だるまさんが転んだ	50
18	合体オニゴッコ	52
19	ひざカルタ	54
20	ボトルフリップ	56

2章 関わりのレク ―お互いを知る―

21	増しまし自己紹介	60
22	四分割自己紹介	62
23	ウソつき自己紹介	64
24	他己紹介	66
25	なんでもバスケット	68
26	なんでもバスケット　ペアver.	70

4

27	仲間集め①	72
28	仲間集め②	74
29	あなたはどっち派	76
30	ブラインド体操	78
31	餅つき	80
32	1・2・3	82
33	ナイフとフォーク	84
34	連想三歩	86
35	エイトカウント	88
36	ハンドリンク	90
37	ブラインドウォーク	92
38	おまかせバランス	94
39	和になろう	96

・3章・ 協力のレク ―みんなで一致団結―

40	割り箸リレー	100
41	ジャックと海賊	102
42	手裏剣合戦	104
43	パタパタ	106
44	ハイ・イハ・ドン	108
45	いっせーのーせ	110
46	ナンバーコール	112
47	30言ったらドボン	114
48	50カウント	116
49	あぶりカルビ	118
50	隠れてる生き物を探そう	120
51	あるなしクイズ	122
52	同じ画数の漢字を集めよう！	124
53	「田」の中の漢字を探せ！	126
54	言葉の扉	128
55	身体でしりとり	130
56	カウントジャンプ	132
57	カウントアップ	134

58 みんなで歩く・止まる ……………………… 136
59 発信基地 ……………………………………… 138
60 イルカの調教 ………………………………… 140
61 人間知恵の輪① ……………………………… 142
62 人間知恵の輪② ……………………………… 144
63 フラフープリレー …………………………… 146
64 椅子取りゲーム ……………………………… 148
65 一筆書き ……………………………………… 150
66 みんなで一言 ………………………………… 152
67 人文字 ………………………………………… 154
68 ペーパータワー ……………………………… 156

・4章・ 深めるレク ―学び、関係、自分―

69 いろんな感じ ………………………………… 160
70 トランプ「仲間はだれだ」 ………………… 162
71 トランプ「わたしはだれ？」 ……………… 164
72 なんの話をしてる？ ………………………… 166
73 王様大変です！ ……………………………… 168
74 見立て ………………………………………… 170
75 何やってんの？ ……………………………… 172
76 だんだん ……………………………………… 174
77 ウインクキラー ……………………………… 176
78 スパイゲーム ………………………………… 178
79 ワードウルフ ………………………………… 180
80 おしゃべり仲間 ……………………………… 182
81 ポートレート ………………………………… 184
82 リレー物語 …………………………………… 186
83 イチガン ……………………………………… 188

サイズ別　索引 ………………………………… 190
難易度別　索引 ………………………………… 191

·序章·

学級レクの目的・効果

居場所づくり・人間関係づくりになる

　近年の学校における重要課題の1つは、不登校や早期退学の問題ではないでしょうか。学校には来てちゃんと授業は受けているけど、心の中は孤独で孤立感を持っている。また特定の仲間としかつながらない、つながれない。これらは生徒の多様性や集団生活になじめないことも一因にあるかと思います。

　その一方で、近年の授業は、対話的な双方向のやり取りやグループワークが多用されます。また修学旅行や校外学習でも班活動があります。そんなときに生徒同士の関係性や他者への尊重がなければ上手くいきません。そこで居場所づくり、人間関係づくりが必要になります。クラスメイトが交流し合ってつながりを生み、お互いを受け入れ合う。そうやって温かいクラスの雰囲気が生まれる。こうして安心・安全なクラスができあがります。

　そのための手段の一つとして、学級レクがあります。学級レクには、楽しいだけでなくコミュニケーションや表現、リーダーシップ・フォロワーシップ、相互理解や協働性が内包されています。しかし、これらを一方的に強制することはいまの時代には合いません。だから教師の皆さんは苦心されていることと思います。楽しみながら交流して、いつの間にか関係づくりが行われているのが理想的です。

　レクを通して得られるのは、自分とクラスとの関係における安心感や受容感です。それをもって本来の自分を表現できる居場所になります。現代人の多様な人間関係は、強制されて強固なつながりをつくることではなく、自らの意思を持って緩やかにつながるぐらいがちょうどいいと言われています。普段は個性や特性がバラバラな生徒たちも学校行事やクラス活動・グループワークなどでは協働できる。いまの中高生もそれぐらいがちょうどいいのではないかと思います。

心と身体を解放し、ポジティブな気持ちになる

　いまの学校はとにかく忙しいです（学校だけでなく社会全体が忙しいですね）。だからみんな、すぐに答えを知りたがります。試行錯誤することはコスパに合いません。

そうやって直線的で安易な学びになっていきます。学びが消費されているのです。そして現代の忙しい学校（社会）では、みんないつも緊張しています。「勉強でも行事でもなく、単に楽しい時間」が心と身体を緊張から解き放ちゆるめる。そこからまた学校生活を楽しむ活力が生まれる。そんな活動に学級レクがなれればいいなと思います（大人の社会でも近年また企業などで運動会や懇親会、BBQなどを実施するところも増えています。大人も同じなんですよね）。

　心と身体を解放して楽しい活動にのめり込む。そんなときにいろんなアイデアや工夫が見られます。普段は特に目立たない生徒から意外なアイデアが発表されたこともありました。そのときクラスが大いに盛り上がったのを覚えています。そうやって盛り上がった楽しい体験は心に残ります。人の記憶は感情に強く結びつきます。悲しいことや辛い体験も、普段の何気ない日常より記憶に残ります。

　皆さんも思い出してください。ちょうど1年前の夕食のメニューを。それよりも去年の誕生日など楽しかった日に食べたメニューのほうが覚えていませんか？ そのときの様子のほうが具体的にイメージできませんか？ 記憶が感情に強く結びつくなら、やっぱり楽しい体験のほうがいいですよね。だから学級レクも楽しくやりましょう！レクでポジティブな感情を育むことで、「また次も人と関わってみよう！」という気になり、コミュニケーションへの苦手意識が薄れて、自分から主体的な関わりや、他者からの関わりを受容できるようになるんだと思います。コミュニケーション・スキルを学ぶのではなく、"コミュニケートする体験"を積んでいくことが大事なのです。それを1回のレクで達成しようとするのではなく、年間（または3年間）を通して行い、育んでいってほしいのです。

▌コミュニケーション能力や社会性を育む

　遊びはいくつになっても大事なものです。それはストレス発散や心の休養になります。元来遊びは主体的で自由なものです。だからこそ時間を忘れるくらい没頭できるのです。人は遊びに没頭するなかで、自分の頭で考え工夫することや、失敗を経験したり、また友達を真似たり、協力することを覚えます。それが「学ぶ力」につながります。

　その遊びは中学校や高校の授業には不要なもののように思われますが、本当にそ

9

うなのでしょうか？　私はいくつになっても他者と関わる遊びは重要だと思っています。何度も述べますが、他者と関わる遊びには、コミュニケーション能力や協働性といった社会性が育まれます。それを遊びを通して楽しく体験するのです。中学・高校になると学校行事やクラス活動また授業のグループワークなどで大切になってくるのは、生徒同士のコミュニケーションです。そのコミュニケーションを円滑にするために他者と関わる遊びを通して学びます。クラスみんなで遊ぶことで、生徒同士が交流して楽しさを分かち合い、互いに感情を共有します。言葉や文字で情報を共有するだけではなく、目に見えない感情を共有することがクラスを一つにして、信頼できる関係（安心・安全な場）を醸成するのです。

　そしてそれを成立させるためには、みんなが息を合わせ、同じ目的に向かって、身体活動を行うことが必要なのです。それをまかなうのが他者と関わる遊びなのです。俗に言われる「同じ釜の飯を食う仲」と同じ意味合いです。

学級レクをするにあたって〈HOW TO〉

　ここまで学級レクの遊びには、たくさんの効果があると述べてきました。まさにその通りだと思いますが、ただ実際に活動する際にはそれらは目的にしないでください！

　どういうことかと言うと、学級レクの目的はあくまで「クラスみんなで楽しむ！」ことなのです。

レクを進行する上で、大切にしたい３つのこと

　実際に学級レクを進行する上で大切にしてほしいことは３つあります。

・**強制しない**

・**評価しない**

・**勝負にこだわらない**

　この３つについてそれぞれ解説します。

　「強制しない」ここまでも何度も述べていますが、嫌々やるほど辛いものはありま

せんし、辛い記憶として残ります。またチャレンジしようと背中を押されても、押された生徒にとっては後ろから"突き飛ばされた"と感じることもあります。楽しいことには自然と参加したくなるし、主体的に参加したものは楽しくなるのです。

「**評価しない**」これも先に述べていますが、レクは遊びです。遊びには本来目的も評価も存在しません。鬼ごっこをするのに「足が速くなるため」とか思ってやらないし、「鬼にならなかったから100点」とかもありません。けれども中高生くらいになると上手くやろうとしたり、下手だから楽しめないとか、恥ずかしさを感じたりします。よく授業で遊んでいる際に失敗した生徒が「すいません」と謝ることがあります。その際に私は「別に謝る必要はありません、鬼ごっこで鬼にタッチされて謝っている人を見たことありますか?」と聞きます。鬼にタッチされたらすぐに鬼になってだれかを追いかければいいのです。教師は生徒を評価しませんし、また生徒自身も自分や他人を評価してはいけません。

「**勝負にこだわらない**」学級レクのメニューにも多数の対抗戦があります。勝ち負けや順位をつける遊びは盛り上がりますよね。けれどそこにこだわり過ぎると体育やスポーツのようになり、得意・不得意が生まれます。目的はあくまで「みんなで楽しむ」です。勝負や順位にこだわり過ぎると、目的が勝ち負け・順位になり、失敗すると雰囲気が悪くなったり、あげく批判が始まったりします。それは得意な生徒の見つめる先が"結果"になり、"仲間の顔"ではなくなるからです。

一方、見つめる先が"仲間の顔"のグループは、失敗しても笑顔が見えて「ドンマイ!」「次頑張ろう!」と励ましの言葉が出ます。失敗しても笑い合える、励ましの言葉が出るには、どうすればいいのでしょうか? それを強要することもできませんし、説明して頭で理解してもその場で言えるかどうか分かりません。みんながみんなリーダーシップを発揮できたり、思いやりを表現できたりしません。だからクラスメイトやグループメンバーが自然に言葉を交わせるぐらいの関係から始めるといいのです。

私が中高生の授業でコミュニケーションゲームを実施した際に感想で多いのは、「普段話さない人と話せて良かった」という内容です。普段から話さないのにグループワークで対話や創作を促しても生徒同士は"気まずい"んです。自分の意見を出すことも、だれかの意見を指摘することも、みんながどんな風に思っているか分から

11

ないから、気まずい。そうすると、なんとなくそれらしく居たほうが楽になってしまう。普段から仲良くしているわけじゃないけど、あいさつや少しの雑談でも交わしていれば、不安と気まずさも多少軽減します。この繰り返しがクラスやグループの雰囲気を和ませていくのです（大人社会でも会社が新入社員に仲間づくりを実施するところがあります）。いまはこちらが場を提供して、雑談ができる関係を学級レクでつくってあげる時代なのです。

始めるときは、手間をかけずに回数かけて

　HRや授業などで目一杯時間を使って実施する必要はなく、短時間で手間をかけずに実施して回数を重ねることが重要です。実施する度に生徒もレクの活動に慣れてきます。ここでいうレクに慣れるとは、同じレクの遊びに慣れるということではなく、レクの活動自体に慣れるという意味です（もちろん同じレクの遊びを何度もやって、その遊びのルールや面白さに慣れることはとてもいいことです）。レクには遊び自体の楽しさの他に、心身の解放や他者とのつながりや交流があることは先に述べています。つまり、レクに慣れるとは、それらを感じて楽しめている、ということです。楽しめないものはいつまでも慣れません。だからこそ生徒が楽しい遊び・楽しめるレクをやるのです。楽しくないレクをやっても苦痛です。楽しめてないなぁ～と思ったら、とっとと止めるのが正解です。けれど、その「楽しめてないなぁ～」という判断は慎重にお願いします。実は初めてやったレクなので、生徒がルールを把握することが難しいだけかもしれないし、楽しみ方を充分理解していないだけかもしれません。

　時期やレクの慣れにより、前は楽しめなかったレクが、楽しめるようになることもあります。その辺を理解するには、活動中や活動後の生徒の様子をしっかり観察することが大切です。生徒の目の輝きや態度や仕草にその生徒の心境が出ます（思春期の彼らは多感な時期なので、とても分かりにくいことも多いですが…）。ただ人間はやっぱり楽しいことは好きだし、そのときは素直に笑顔になります。

進行のコツ

　生徒の様子や時期を見て実施するレクを決めたら、次はいよいよ実際にレクの活

動に入ります。その際にどのように進行すればいいのか悩んだり、考えたりすることもあるかと思います。そのときのちょっとしたコツをお伝えいたします。

・完ぺきを目指さない！

　初めて実施する場合は、準備物やルールの把握など不安もあると思います。けれど教師の皆さんは忙しいのでレクのためにそんなに時間もかけられません。だから手を抜いていいというわけではありません。完ぺきを目指すと自分もレクもそして生徒も固くなるのが“もったいない”と言っているのです。

　学級レクは「みんなで楽しむ遊び」です。肩肘張らずにリラックスして遊ぶから楽しめる。多少の抜け落ちや失敗もみんなでフォローして許容することが大事なので、自分にも生徒にもそう言い聞かせる意味で「完ぺきを目指さない」のが重要です。教師自らが失敗を開示できる、それができたら生徒同士も自ずとそういう雰囲気になるはずです。一方でレクも完ぺきを目指しません。そもそも遊びに完ぺきはあるのでしょうか？　もちろん成功・不成功はあります。けれど不完全なところに遊び心が芽生え、アイデアや工夫が生まれます。遊び心が生まれる余地を残しましょう‼

・自分も一緒に楽しむ！

　みんなで楽しむ学級レクの『みんな』には、もちろん教師の皆さんも入っています！　自分は進行役、審判役だから関係ないとは思わず、みんなと一緒に進行や審判も楽しんでください。一緒に楽しむとその場の雰囲気が柔らかくなり、自分にも生徒にも高揚感が生まれて、時間があっという間にすぎるほど集中できます。けれどこの“一緒に楽しむ”がなかなか難しいのですよね。分かります、この先の生徒指導や授業にも影響するのではないか…そんな風に考えてしまいますよね。だからこそレクをコツコツ実施して生徒も自分も慣れていく、一緒に楽しむことに慣れていけばいいのです。最初は強ばった笑顔も慣れれば自然な笑顔になります。もし今日できなくても次回に、それが厳しくても次年度には必ずできるようになります！

生徒が乗らないときは

　あたりまえですが、レクが苦手・好きじゃない生徒もいます。　そんな場合はどうしたらいいのでしょうか…？　皆さんはどう考えますか？　レクが苦手・好きじゃない生徒のマインドをすぐに変えることは難しいです。まずその生徒はなぜレクが苦手

か考えます。もちろん生徒に直接聞けたら一番いいですが、何か事情があって答えてくれない場合や本人もナゼ嫌いなのかうまく説明できなかったりすると、こちらが想像するしかありません。過去にレクで傷ついたことがあって楽しめないとか何かあったはずです。また話を聞いてすぐに解決できるなんてそう簡単ではありません。

けれど何度も言いますが、レクは強制されるものではありません。だったらまずは参加せずに観察してもらうのはいかがでしょうか？「え!?　みんなで楽しむものなのに参加せず観察するだけでいいの？」と思うでしょう。生徒本人にとって嫌々参加するより安心・安全なところから観察するほうがましです。それとここが大事なのですが、観察も立派な参加の一つです。観察しながらクラスメイトの性格や特性を知り、そして遊びの面白さやこの場が安心・安全な場であることを認識すれば、次回から参加するかもしれません。

また繰り返しになりますが、「だれもが参加しやすいように、目の前の生徒たちが興味を持つ遊びをする」こと、そしてもう一つ「ルールが簡単な遊びから始める！」こと。これもとても大切です。教師が興味あるとか好きな遊びではなく、また自分が進行しやすい遊びでもありません。生徒たちが楽しめる遊びや興味がある遊びをすることで、主体的になり、前のめりになるのです。けれど興味を持って始めても、ルールが難しいと理解するのに時間がかかるし、ルールが複雑だとすぐに失敗したり、全然続かなかったりして面白くありません。そのためにこの本のメニューには難易度を記載していますから、自分が進行する上でイメージしやすいものから始めてください。そうやってみんなで楽しむ学級レクに慣れてもらい、その後ドンドン難易度を上げていけばいいのです。その上で難易度が高いレクを行うとしても、"まずはやってみる！"というマインドに生徒を持っていきましょう。最初から高校生（中学生）だからコレぐらいできて当たり前とか思わずに、レクの導入は丁寧に行ってください。やってみてやっぱりすぐに飽きてしまうようなら、他のレクにすぐに変えればいいのです。何も一つのレクにこだわる必要はないのです。「始めたからには中途半端はいけない」なんて思わなくて結構です。

HRや授業に取り入れるときは

　この本を手に取っていただいた方は、学級レクに興味関心がある方たちだと思います。そんな皆さんも実際にドンドン実施されている方から、これからやってみようと思っていらっしゃる方までさまざまかと思います。もうすでに実施されている方は、その効果を実感されているので、この本から更にメニューや考えを深めて活動していただけると嬉しいです。

　学級レクを深めるには、遊びのメニューを多く知ることも大事ですが、一つの遊びを応用・発展させることだと私は思っています。多様な生徒それぞれに嗜好が違います。だからみんなで楽しく遊べるものを繰り返し行うのがいいです。これを「繰り返し遊び」と言います。繰り返し遊びは、先が読めることで安心感があり、一方で失敗をして徐々に上手くなると成長を感じられます。そうすれば自己肯定感や効力感を得られて、情動や身体をコントロールできるようになるでしょう。新しい遊びはワクワクして期待感がありますが、同時に楽しめるかどうか分かりません。また新しくルールを覚える必要もあり、新しい遊びばかり繰り返すと頭が疲れます。1つの遊びに慣れ、味がなくなったら、味変（応用・発展）して引き続き楽しんでください。

　この本のメニューには応用したものや発展させたものも同時に載せています。そこに書かれた要領でご自身でもドンドン応用・発展させたレクを考えて実施してください。そうすると生徒はドンドンのめり込んでいきます！　そんな生徒の様子を見たあなたは、学級レクの虜になってしまうと思います。そして「これからやってみよう」と思うあなたは、まずはご自身が気軽に構えてください。大層に「学級レクをやってみよう！」などキャラにもないことを言うと生徒も身構えます。授業始めや隙間時間にちょこちょこ仕込んで実施して、生徒の様子をつかんでいくのです。どんなレクが好きなのか？　ムードメーカーの生徒はだれか？　グループワークがいいのか？　全体遊びがいいのか？　などじっくり観察します。そうこうしているうちに生徒も学級レクに慣れていきます。

・1章・

出会いのレク
―みんなでアイスブレイク―

入学・進学時など、出会いのタイミングで行うレクです。初め
ましての生徒同士が、気負いなくお互いに触れ合うことができる
メニューを集めています。「ジャンケン」や「だるまさんが転ん
だ」など、ほとんど説明もせずに始められるものばかりです。

　説明がほとんど必要ないということは、例えば、日本語を母語
としない生徒なども含めて、すぐに楽しむことができます。アイ
スブレイクとして、いわば準備運動的な意味合いとして、2章以
降のレクの前に、クラスの係や委員などを決めるといった場面の
前に活用してみてください。教室にただよう緊張感がほぐれ、笑
顔も増えていくはずです。

あいさつタッチ

初めての出会いの場などで、あいさつ代わりに使ってみてください。
軽く触れ合うだけで心がほぐれ、場の雰囲気が明るくなります。

①「ハイ！」と声を掛けてできるだけ、たくさんの人と両手でタッチする。

②「イェイ！」などの好きな掛け声で、こぶしでタッチする。

③好きな掛け声で、人差し指でタッチする。

ペア／グループ／全体か	A	実施時間の目安	5分
難易度	1	用意するもの	なし

ワンポイント解説

あいさつ代わりに行うのがオススメ

①生徒は自由に動き回り、30秒程でできるだけたくさんの人とあいさつします。「ハイ！」という掛け声とタッチが同時になるようにします。

☆教師は全体の様子を観察しながら、消極的な生徒にタッチしにいきましょう。

②歓喜を分かち合うように「やったぜ！」とグータッチをする感じです。

③好きな掛け声を言いながら、人差し指でタッチをします。

これだけは✕

身体接触が苦手な生徒もいますので、強制は禁物です。

やってみて…

エアタッチでもいいですし、「30秒以内で〇人とタッチしましょう！」など人数を指定するのもいいと思います。

実施者

2 ネームリング

クラス開きなどのタイミングで行う、相互承認を目的とした定番中の定番ワークです。丁寧に進めることで、今後のクラスづくりやレク自体の安心感にもつながります。

①椅子を輪に並べ、輪のなかで情報交換をしながら、名前の50音順に並んで座る。着席したら、一人ずつ答え合わせをしていく。

ペア／グループ／全体か	AG	実施時間の目安	5分
難 易 度	1	用意するもの	椅子

ワンポイント解説

時間がかかっても、丁寧に

①輪に椅子を並べて、着席します。教師も輪に入り、教師の隣の生徒を起点として、名前（苗字ではなく）の50音順になるよう席替えをします。時間制限を設ける方法もありますが、初めは生徒の交流の時間と考えて、時間がかかっても、皆が自力で座るのを待つほうがいいでしょう。

☆答え合わせは、一人ずつ行います。一人ごとに拍手をしながら進めましょう。間違っていたときは、「目をつむってる間に席替えを♪」と言って席替えを促します。

※発展型として、誕生日順（月日のみ）・通学時間・就寝／起きた時間などもあります。

これだけは ✗

皆の視線が集まるのが苦手な生徒がいる場合は、輪ではなくライン（直線の列）にしましょう。

やってみて…

グループ対抗にして別のお題で何回か繰り返したり、グループメンバーを替えても盛り上がります！

実施者

3

ジャンケン遊び①

誰でも知っているジャンケンを使って、バリエーションで少しずつ難度を上げていきましょう。

①教師対生徒で、ふつうの勝ちジャンケンをする。

②教師対生徒で、生徒に後出しで勝ってもらう。

③負けジャンケン・後出し負けジャンケン、あいこ勝ち・後出しあいこジャンケンと応用していく。

ペア／グループ／全体か	A	実施時間の目安	5分
難易度	1	用意するもの	なし

ワンポイント解説

ジャンケンで、生徒の心と身体をほぐす

①生徒は座った状態で始めます。「最初はグー、ジャンケンポン！」の全員の掛け声で、勝った人だけ立ちます。あいこの人は負けです。

②教師の「ジャンケン、ポイ・ポイ！」の掛け声で行います。最初のポイで教師がジャンケンを出します。生徒はそれを見て2回目のポイで教師に「勝つ」ジャンケンを出します。

③負け勝ちのジャンケン、後出しで負けるジャンケン、更に、あいこ勝ちバージョンと応用していきます。

☆いずれもワークから孤立している生徒が必ずいます。教師は全体のワークの流れを絶えず把握し、生徒の心と身体をほぐしてください。

これだけは✕

勝ち負けにこだわりすぎないようにしましょう。

やってみて…

勝ちジャンケンはなじみ深いので、すぐに応用の負け／あいこバージョンにします。ちょっと考える間が楽しいです。

実施者

4 ジャンケン遊び②

ジャンケン遊びをしながら、表現することの楽しさを同時に味わっていきます。

①全員が赤ちゃんになり、ハイハイしながらジャンケン。

②勝ったら、赤ちゃん→大人→老人に。負けたら一段階戻る。

③老人同士でジャンケンし、勝ったら上がり。

ペア／グループ／全体か	A	実施時間の目安	10分
難易度	1	用意するもの	なし

ワンポイント解説

成長するものであれば、人間でなくてもOK

①赤ちゃん、大人、老人のポーズを生徒から募集し、決めます（今回は例として、赤ちゃんはハイハイ、大人は立ったまま、老人は杖をついてジャンケンします）。
②赤ちゃんは赤ちゃん、大人は大人、老人は老人同士でしかジャンケンできません。勝ったら一段階成長し、負けたら一段階若くなります。赤ちゃんはそのままです。
③老人同士でジャンケンし、勝ったら幸せの国に行きます。幸せの国に行った人が勝ち抜けです。
☆最後の3人になったら、ゲーム終了です。

これだけは ✖

特になし

やってみて…

3段階に成長するものとポーズを、生徒から募集すると盛り上がります！

実施者

5 足し算ジャンケン

ジャンケンの発展系です。手と口と頭を動かす複数タスクを同時に行う、難度の高いジャンケンです。集中力や瞬発力を養います。

①ペアになり、「足しジャン、ホイ」という掛け声で、ジャンケンのように0から5本の指を出す。自分の出した指の数と、相手の指の数を足し算して、答えを早く言ったほうが勝ち。

※発展型として、引き算ジャンケン
同様に「引きジャン、ホイ」と手を出す。答えがマイナスにならないように、必ず大きい数字から小さい数字を引くようにする。答えが同数（あいこ）の場合はゼロ。

ペア／グループ／全体か	P	実施時間の目安	5分
難易度	1	用意するもの	なし

ワンポイント解説

瞬発的なゲームで、一気に盛り上がる！

①ペアで「足しジャン、ホイ」という掛け声でジャンケンをするように、指を0〜5本出します。出した指の数を、相手の指の数と足して、すばやく声に出します。ジャンケンそのものではなく、正解を早く言ったほうが勝ちです。早さの判定はそのペアにお任せします。教師は先に3勝したほうが勝ち、時間制限で何勝するかなどのルールを追加してもいいでしょう。

☆自分が常にグー（0）を出すと、計算しなくても相手の指の数を言うだけで正解になるという必勝法が存在します。教師は、あえてルール説明のときに言わず、やっていくなかで発見させるようにします。

これだけは✕

特になし

やってみて…

必勝法に気づいたら、「考えたね」「工夫したね」と承認しています！また足し算は3人組みにするのもありです。

実施者

6 セブンイレブンジャンケン

ジャンケンの勝ち負けではないところが面白いワークです。協力と偶発性が必要で、セブンもしくはイレブンに揃ったときにはとても盛り上がります。

①ペアになり、足し算ジャンケン（No.5）のように出した指の数を足して7になるまで、ジャンケンをする。

②3～5人のグループになり、同じく足し算ジャンケンで11になるまで、ジャンケンをする。

ペア／グループ／全体か	PG	実施時間の目安	5分
難易度	1	用意するもの	なし

ワンポイント解説

足し算ジャンケンの後にすると理解が早い

①セブンジャンケンでは、ペアをつくります。足し算ジャンケンと同様に0～5本の指を出します。2人の出した指の数の合計が7になるまで、何度もジャンケンを繰り返します。

②イレブンジャンケンは、3人から5人のグループで行います。セブンジャンケン同様に、メンバー全員の合計が11になるまでジャンケンを繰り返します。

☆メンバーを変えたり、制限時間内に何度できたかを競うのも面白いです。ペアのセブンジャンケン、3人のイレブンジャンケンでは、1人でもグー（0）を出すと成立しません。教師は事前に説明はせず、気づいた生徒がいたら承認しましょう。

これだけは✕

相談はNGです。同じ人が同じ数字ばかり出すのもNGです。他の人がそれに合わせるだけになります。

やってみて…

まったく揃わない場合は、「仲が悪い訳じゃなく、たまたま今日は合わなかっただけ」と言うようにしています！

実施者

7 せーのジャンプ

偶然向き合った相手とあいさつをするだけの簡単な交流メニューです。初めての出会いの場などに適しています。場の雰囲気が温かくなります。

①全員で輪になって立つ。教師の「せーのジャンプ」の掛け声で、一斉にジャンプし、左右どちらかに向く。

②向き合った2人は「こんにちは」とあいさつして、立ち位置を入れ替わる。向き合わなかった場合はそのまま。どんどん繰り返しながら、向き合った相手とあいさつをする。

ペア／グループ／全体か	A	実施時間の目安	5分
難易度	1	用意するもの	なし

ワンポイント解説

出会うも出会わないも、相手次第

①全員で輪になって立ちます。教師の「せーのジャンプ」の掛け声で一斉にジャンプし、左右どちらかに向きます。

②向き合った２人は「こんにちは」とあいさつして、立ち位置を入れ替わります。向き合わなかった人は、そのままです。繰り返すと、ドンドン入れ替わって進む人、ずっとそのままの人も出ますが、左右の人は替わっていきます。

※応用編として、ジャンプの前に左右どちらを向くか決めて、「こっち向け！」もしくは「こっち向くな！」と心の中で念じてもらうようにします。実際にやってみて、念が通じたか聞いてみるのも面白いです。

これだけは ✕

隣の様子を見て遅れてジャンプすることや、隣の人と相談をするのは禁止です。

やってみて…

偶然向き合うと、照れくさくて不思議と笑みがこぼれます。なんとなく自然にあいさつできるのがいいです。

実施者

8

ジャンケンバスケット

初めての出会いの場などで、あいさつ代わりに使える交流メニューです。なんでもバスケットのような緊張感もなく、身体を動かすことで解放され、自然と一体感も生まれます。

① オニ以外が輪になって座り、オニは輪の真ん中に立つ。全員ジャンケンをして、負けた人が席を移動。その間にオニは空いている席に座る。座れなかった人が次のオニ。

ペア／グループ／全体か	A	実施時間の目安	5分
難易度	1	用意するもの	椅子

ワンポイント解説

前に立ち、視線を集める体験が気軽にできる

①なんでもバスケット（No.25）同様に、輪になって座り、オニは真ん中に立ちます。オニと座っている全員でジャンケンをします。オニに負けた人は席替えして、その瞬間にオニは空いている席に座ります。隣の席への移動もOKとします。座れなかった人が、次のオニになります。

☆最初は教師がオニとなり、慣れてきたら教師も空いてる席に座って、オニを生徒に任せるようにするとスムーズです。慣れてきたら、勝った人（あいこの人）が席替えをするなど、メリハリをつけるように工夫します。

これだけは✕

席替えの際に、人を押したり無理やり席を奪うのは禁止です。

やってみて…

みんなの前に立つと緊張して頭が真っ白になります。そんなときでもジャンケンならなんとかできるようです。

実施者

9 ヤドカリさん

椅子取りゲームの一種です。お囃子に合わせてすばやく席取りをします。クラス開きの際の交流を楽しく促すメニューです。

①3人一組になり、1人がヤドカリになり、2人が家をつくる。

②オニが「ヤドカリ」「イエ」「引越し」の中から1つ選び、お囃子に合わせて指示を出す。

③「ヤドカリ！」と言ったら、ヤドカリだけ移動。家はそのまま。

④「イエ！」と言ったら家の2人だけが移動、他のヤドカリの上に家をつくる。

⑤「引越し！」と言ったら、全員総入れ替え。バラバラになり新しくヤドカリと家をつくる。

ペア／グループ／全体か	A	実施時間の目安	10分
難易度	1	用意するもの	なし

ワンポイント解説

お囃子で、さらに盛り上がる！

①教師は、周りの生徒に手伝ってもらって、ヤドカリと家の形、移動の見本を示してあげてください。

②囃子（はやし）言葉は「ヤドカリ、ヤドカリ、どうするの?」とし、みんなで唱和します。
お囃子が終わったら、オニが移動（ヤドカリ、イエ、引越し）のどれかを指示します。

③〈ヤドカリ〉一度外に出たヤドカリは元の家には戻れません。オニはすばやくどこかの家に入りヤドカリになります。

④〈イエ〉家をつくっている2人がバラバラになって他のヤドカリの家をつくります。

⑤〈引越し〉全員が総入れ替えです。

☆ヤドカリや家の取り合いになり、強引に押しのけたりする子がいるので、教師は公正に判定してください。

これだけは ✕

教師はおせっかいをやかないように、楽しい雰囲気を大事にしてください。

やってみて…

お囃子で楽しいリズムをつくると盛り上がります。

実施者

10 うちの猫知りませんか？

フルーツバスケットに似たワークですが、よりリスクもスリルもある、ノンバーバル・コミュニケーションのメニューです。チャレンジ精神や主体性も育まれます。

①輪になって椅子に座る。オニはだれかに「うちの猫知りませんか？」と聞く。聞かれた人は「知りません。隣の人に聞いてください」と答える。

②オニが別の人に聞いている間に、他の人はアイコンタクトやジェスチャーなどで合図して席替えする。オニが空いた椅子に座るか、移動中の人にタッチすると、オニ交代。

③オニが「お引っ越し！」と宣言した場合は、全員が移動し席替えをする。

ペア／グループ／全体か	A	実施時間の目安	10分
難易度	1	用意するもの	椅子

ワンポイント解説

目と目を合わせて、思い切ってチャレンジ！

①オニ以外、輪になって椅子に座ります。オニが「うちの猫知りませんか？」と聞くと、聞かれた人は「知りません。隣の人に聞いてください」と答えます。

②オニが隣の人（別の人も可）に聞く間に、他の人はだれかとアイコンタクトやジェスチャーなどで合図して、席替えをします。その間にオニが空いた椅子に座るか、移動している人にタッチするとオニが替わります。

③オニが「お引っ越し！」と宣言すると、全員が席替えをします。この場合は、アイコンタクトなど合図の必要はありません。オニもタッチはせず、空いている席に座ります。

これだけは ✕

「お引越し！」以外では、お互いの合図なしでの席替えは禁止です。

やってみて…

離れた人と入れ替わる派、近くの人と入れ替わる派もいます。見てるだけでもスリルがあって盛り上がります。

実施者

11 拍手回し

ノンバーバルコミュニケーションの基礎的メニューです。何かを「渡す」、何かを「受け取る」というコミュニケーションの基本を身につけていきます。

①輪になり、教師が拍手の発信者となる。左隣の生徒に両手をたたいてポンと拍手を渡す。

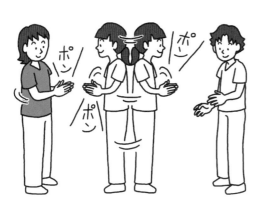

②拍手を受け取ったら、もらいましたとポンと手を打ち、次の隣の人に向かってポンと拍手をして渡す。拍手が一周して教師に戻ると終了。

| ペア／グループ／全体か | AG | 実施時間の目安 | 5分 |
| 難易度 | 1 | 用意するもの | なし |

ワンポイント解説

「渡す」「受け取る」を意識する

① まず最初に1回拍手を回します。教師は「いまから拍手を左隣の人に順に渡していきます」と軽く説明して拍手を渡します。

② 受け取った人はもらった合図でポンと拍手をし、隣の人に拍手を渡していき、1周します。2回目は、「今度は拍手を渡すとき、相手を見て心の中で（送りますよ）と言って渡してください。受け取るときは心の中で（もらいましたよ）と言って受け取ってください」と条件をつけます。2回目終了後、1回目と2回目との違いを「振り返り」してみてください。

※応用編として、拍手を1つだけでなく、2つ回しても丁寧に出来るか試しましょう。

これだけは ✕

言葉を使うのは禁止です。

やってみて…

グループに分けて、グループ対抗の競争にすると、より盛り上がるレクになりました。

実施者

12

ジップ・ザップ・ボーン

数ある信号送りゲームの中でも代表的なアクティブメニューです。生徒のテンションを高め、気持ちを外に向かってオープンにしてくれます。

①輪になり信号の発信者（トップバッター）を決める。

②発信者は、右隣には右親指を指して「ジップ」という言葉を送る。

③左隣には左親指で「ザップ」を送る。

④左右の人以外には「ボーン」と手で示す。

⑤信号をもらった人は、またすぐにだれかに信号を送る。

⑥間違ったり詰まったりするとアウト、その場に座る。

ペア／グループ／全体か	G	実施時間の目安	10分
難易度	1	用意するもの	なし

ワンポイント解説

大切なのは目線。目を見て、信号を送ろう！

①隣の人と適度な空間を保って、均等に輪になります。
②③発信者は、信号を送るとき必ず手を使って相手を指します。
④「ボーン」の信号は必ず相手の目を見て送ってください。目線があいまいだと2人同時に反応するので、しっかり相手に目線を送り、指した手は相手が信号を受け取るまでキープしていてください。「ボーン」で2人が反応した場合は、アウトにしないでリプレイしましょう。
⑤両隣がアウトになり空間が空いても、隣に信号を送る場合は「ジップ」か「ザップ」です。
⑥最後の3人になるとゲーム終了です。

これだけは✗

特になし

やってみて…

3グループに分けて、アウトの人は別グループに即移動というルールをプラスすると、より盛り上がりました！

実施者

13 ネームトス

初めての出会いの場などに適したメニューです。名前を何度も呼ぶことで自然と覚えてしまうことを狙いとしています。名前を覚えるのが苦手な人も構えず、楽しんで行えます。

① 5〜10人ぐらいで輪になり、まず一人ずつ名前だけを言う。ボールを投げるときには「〇〇です。〇〇さん」と自分の名前を言ってから、相手の名前を言います。

② ボールを受け取ったら「ありがとう、〇〇さん」と言い、続けて「〇〇です。〇〇さん」と自分の名前、相手の名前を言ってボールを投げる。慣れてきたら、ボールを増やす。

| ペア／グループ／全体か | G | 実施時間の目安 | 5分 |
| 難易度 | 1 | 用意するもの | ボール |

ワンポイント解説

覚えようとせず、いっぱい名前を呼ぼう

①5～10人ぐらいで輪になります。まずは起点となる人から、名前だけを言う自己紹介をします。
起点となる人から、任意のだれかにボールを丁寧に投げます。投げるときには「〇〇です。〇〇さん」と自分の名前を言ってから、相手の名前を言うようにします。

②ボールを受け取った人は、「ありがとう、〇〇さん」とボールを投げた相手の名前を言います。それから、また他の任意の人にボールを投げます。その際は同様に、「〇〇です。〇〇さん」と自分の名前を言ってから、相手の名前を言います。以降、繰り返し、慣れてきたらボールを増やします。

これだけは✗

ボールを乱暴に扱ったり、投げつけたりするのは禁止です。

やってみて…

ボールを増やすと注意を向ける先が増えて、投げる際により相手に気を遣うようになります。場がとても優しくなります。

実施者

14 自分を探せ!

初めての出会いの場などに適したメニューです。他の人の名前を知って、覚えるだけでなく、握手で心の距離も近くなります。

①教室の中を全員で歩き回り、出会った人に自分の名前を伝えて、握手をする。

②握手した相手の名前を覚えて、他の人に名乗り、握手をする。自分の名前に出会うまで、繰り返す。

ペア／グループ／全体か	A	実施時間の目安	5分
難 易 度	1	用意するもの	なし

ワンポイント解説

自分の名前と出会い直す

①教室の中を全員で歩き回り、出会った人に自分の名前を伝えて、握手をします。

②握手した相手の名前を覚え、今度はその名前を使って他の人と出会い、握手をします。あいさつを繰り返しながら、自分の名前とどれだけ早く出会えるかの勝負です。ただし、まったく出会えないケースもあるため、時間制限を設けるほうがいいでしょう。逆に、すぐに出会えてしまうこともあるので、会える会えない関係なく10人以上と出会うなどのルールを設けます。

※発展型として、「〇〇が好きな〇〇です」と、名前に一言（好きなもの）を付け加えます。

これだけは ✕

身体接触が苦手な生徒がいる場合は、握手をお辞儀などに変えます。仲の良いメンバーだけで回すことは禁止です。

やってみて…

生徒同士の距離感に合わせて、ハイタッチやグータッチに変えるのも楽しいです！

実施者

15 タコつぼキャッチ

左手と右手で違う動きをする、身体バランスが求められるメニューです。全員でつながる一体感もあり、集中力と身体解放の繰り返しが心地よいワークです。

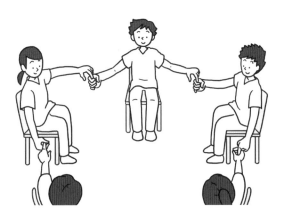

① 右手は軽く握った「つぼ」に、左手は人差し指を立てて1の形の「タコ」にする。全員が輪になり、左手の「タコ」を左隣の人の「つぼ」に入れる。

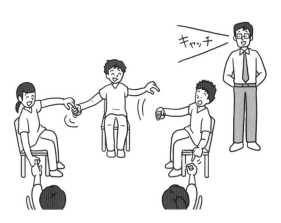

② 教師の「キャッチ！」の掛け声で、「つぼ」から「タコ」の指を抜いて逃げる。教師は時々フェイントも仕掛ける。

ペア／グループ／全体か	A	実施時間の目安	5分
難易度	1	用意するもの	なし

ワンポイント解説

フェイントにひっかからないように！

①全員で輪になって座ります。右手は軽く握った「つぼ」に、左手は人差し指を立てて1の形の「タコ」をつくります。左手の「タコ」を左隣の人の右手の「つぼ」に入れ、右手の「つぼ」に右隣の人の左手「タコ」を入れます。全員がタコつぼでつながった状態からスタートです。

②教師の「キャッチ！」の掛け声と同時に、右手は相手の人差し指である「タコ」を捕まえ、左手は相手の「つぼ」から抜いて逃げます。逃げたら勝ち、捕まったら負けです。

☆教師は「キャッチ」に似た言葉（例：キャッチボール・キャンペーン・キャンディなど）で、フェイントも仕掛けます。

これだけは✗

キャッチで強く握りしめると、指を痛めるので注意します。

やってみて…

捕まえる、逃げるのどちらが得意かを聞いて、得意同士のグループでやってみることもあります。

実施者

16 言うこと一緒 やること逆

動きと発話の多重タスクのメニューです。冷静に聞いて、瞬発的に判断して行動することが求められます。頭と身体を冷静にし、集中力を高める効果もあります。

①言うこと一緒やること一緒：教師の「右」の掛け声に、「右」と言って「右」に一歩。

②言うこと一緒やること逆：教師の「右」の掛け声に、「右」と言って「左」に一歩。

③言うこと逆やること一緒：教師の「右」の掛け声に、「左」と言って「右」に一歩。

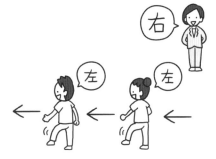

④言うこと逆やること逆：教師の「右」の掛け声に、「左」と言って「左」に一歩。

ペア／グループ／全体か	A	実施時間の目安	5分
難易度	2	用意するもの	なし

ワンポイント解説

言葉と行動を意識して分けることができるか

①スクール形式に並ぶか、もしくは大きな輪になります。教師の掛け声に続いて、生徒全員オウム返しで唱和し、4パターンで行動します。
「言うこと一緒やること一緒」の場合、「右」という教師の掛け声に続いて、生徒全員が「右」と言いながら、右に一歩出ます。
②「言うこと一緒やること逆」の場合、「右」の掛け声に、「右」と言いながら、左に一歩出ます。
③「言うこと逆やること一緒」の場合、「右」の掛け声に、「左」と言いながら、右に一歩出ます。
④「言うこと逆やること逆」の場合、「右」の掛け声に、「左」と言いながら、左に一歩出ます。

これだけは✕

オウム返しせず、黙って動くのは簡単なので禁止します。

やってみて…

慣れたら目をつむる方法もあります。周りが見えないので、難度が上がります。

実施者

17

だるまさんが転んだ

昔懐かしい遊びの一つです。見る、聞く、動く、止まるの身体性が求められます。ルールも簡単で参加しやすいので、発展型にチャレンジするのもいいでしょう。

①目を隠しているオニが「だるまさんが転んだ」と言う間に、オニに生徒は近づいていく。オニが振り向いたら動きを止める。動いているところをオニに見つかるとオニに捕まる。

ペア／グループ／全体か	A	実施時間の目安	5分
難易度	1	用意するもの	なし

ワンポイント解説

「だるまさんの一日」など発展型も！

①オニは壁など起点となる場所に立ち、生徒はスタートラインに立ちます。オニの「はじめの一歩」という掛け声に合わせて、生徒は一歩前に出ます。オニは生徒を背にして、「だるまさんが転んだ」と言ってから振り向きます。生徒はその間にオニに近づき、オニが振り向いたら動きを止めます。動いているのが見つかったらオニに捕まります。ゴールはオニの起点となるラインを超えたらとします。

※発展型として、「だるまさんがお茶飲んだ」など、掛け声で日常のポーズを指定し、振り向いたときにそのポーズを生徒にとらせる「だるまさんの一日」バージョンもあります。

これだけは✗

特になし

やってみて…

「だるまさんが転んだ」と声に出さないサイレントバージョンも。オニがいつ振り向くか、緊張感が増して盛り上がります。

実施者

18 合体オニゴッコ

チームワークが要求されるオニゴッコです。
気持ちを一つにして全員一丸となり、目標に向かうリーダーシップや協調性を楽しみましょう！

リーダー

①5～6人で背中合わせに腕を組み、輪になってリーダーを決める。

②オニチームを決める。タッチできるのはオニチームのリーダーだけ。相手チームのだれにタッチしてもOK。

③逃げるほうは、タッチされるか、輪がつぶれたらアウト、オニになる。

ペア／グループ／全体か	A	実施時間の目安	10分
難易度	1	用意するもの	なし

ワンポイント解説

気持ちを一つに！！

①5〜6人で背中合わせになりしっかりと腕を組みます。リーダーを決めて、合体の完了です。

②オニチームを決めます。タッチできるのはオニチームのリーダーだけです。言葉を使うのは自由ですので、リーダーは大声で指示を出してもかまいません。「1・2・1・2」と掛け声で歩調を合わせるのも自由です。タッチは他のチームの輪の中のだれにタッチしてもOKです。

③逃げるチームは、だれかがタッチされたり、輪がバラバラになったりつぶれたりするとアウト、オニが交代します。

これだけは✗

オニのリーダーは、手を外してタッチしたら無効となります。

やってみて…

ついつい夢中になって、人を引きずったり、足を踏んだり、転んですり傷をつくらないように、注意をしています。

実施者

19 ひざカルタ

カードを使わないカルタ取りです。ルールも簡単なので、教師と生徒でも楽しめます。
瞬発力を高め、固まった脳を活性化させましょう！

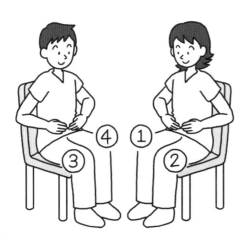

①ペアになり、お互いのひざにタッチできる距離で向かい合って椅子に座る。ひざに1～4の番号を振る。

②別のペアが審判とカルタの読み手となり、読み上げられた番号のひざに早くタッチしたほうが勝ち。早く5回勝ったほうが勝者。

| ペア／グループ／全体か | P | 実施時間の目安 | 5分 |
| 難易度 | 1 | 用意するもの | 椅子 |

ワンポイント解説

審判は勝負を見逃さないように

①ひざをカルタに見立ててカルタ取りをします。勝負するペアで椅子に座り、別のペアが審判役と読み手になります。審判役が、勝負するペアの右ひざ・左ひざに順に1・2・3・4の番号を振ります。勝負するペアは、両手をおへその横に付けた状態でスタートします。

②ひざにタッチするときは、タッチした手を動かさないでください。手を戻してしまうと、どちらが早かったか、微妙な判定ができなくなります。審判役は勝負しているペアの勝った数を数えます。早く5回勝ったほうが勝者。勝敗が決まったら役割を交代、最後は勝者同士で勝負します。

これだけは✗

相手のひざを強くたたくのは禁止です。また、身体接触が苦手な生徒もいますので、強制は禁物です。

やってみて…

ひざに番号を振る場合、始めはひざの横並びに、慣れてきたらクロスして番号を振ると難易度が上がります。

実施者

20 ボトルフリップ

ペットボトルに水を入れるだけで、すぐに始められるチャレンジメニューです。コツを掴むまでの試行錯誤が楽しく、成功したときの気持ち良さも格別です。

①水を3割ほど入れたペットボトルを前方に投げる。空中で1回転させて、立ったまま着地すれば成功。

ペア／グループ／全体か	A	実施時間の目安	5分
難易度	1	用意するもの	ペットボトル、水

ワンポイント解説

水の量を変えてチャレンジしよう！

①ペットボトルに水を3割ほど入れて、こぼれないようにしっかりキャップを閉めます。空中で1回転させる要領で、前方に投げます。立ったまま着地すれば成功です。
水量を3割程度にすることが、成功率を高くするコツです。

※発展型として、水の量や投げる距離を変える、また目をつむって行うなど、難度を上げていくことも可能です。

※応用編として、1分間のタイムトライアルや、グループ対抗で成功数を競う形式も盛り上がります。

これだけは✕

ペットボトル以外、割れやすいボトルは避けましょう。

やってみて…

成功率が上がってくると、ペットボトルを小さくしたりしています。自然と生徒同士が教え合う姿もいいものです。

実施者

・2章・

関わりのレク

―お互いを知る―

自己紹介が苦手という生徒は意外に多いものです。自分が何を話そうかと考えて、人の話をまったく聞けていない自己紹介タイムも多いのはご存じのとおりでしょう。

　この章ではまず、ゲーム感覚でできるもの、傾聴力が必要とされるものなど多様な自己紹介のレクをご紹介しています。更に、お互いを知るメニューとして、遊びながら自己開示をするもの、言葉を介さないものなども集めています。それが他者を認め、受け容れる土壌を醸成します。

21 増しまし自己紹介

他者の自己紹介をよく聞いていないとできない自己紹介です。必然的に名前を呼ぶ回数も増え、覚えるきっかけとなります。

①グループで輪になり、起点の1人が「○○の好きな○○です」などと自己紹介をする。隣の人は、「○○の好きな○○さんの隣の、○○の好きな○○です」と、自己紹介を重ねていく。最後の人は全員分の自己紹介を言うことになる。

ペア／グループ／全体か	G	実施時間の目安	5分
難易度	1	用意するもの	なし

ワンポイント解説

聞いて、口にして、覚えよう

①5人ぐらいのグループで輪になり、起点の人から名前と一言（好きな食べ物など）を添えて自己紹介をします。

起点の人の次に自己紹介する人は、起点の人の自己紹介に加えて、自分の自己紹介をします（例：「〇〇が好きな〇〇さんの隣の、△△が好きな△△です」）。以降は同じように一人ずつ加えていき、最後の人は全員の自己紹介を言うことになります。

他の人の自己紹介はメモを取らずに、分からなくなったら本人に直接聞くよう、教師は促します。

☆名前に添える一言は、食べ物の他に、好きなマンガ・ゲームや趣味などでもいいでしょう。

これだけは ✕

グループ人数が多すぎるとさすがに大変になります。5人前後がいいでしょう。

やってみて…

通常の自己紹介だと何を話そうかと考えて、自分の番まで人の話を聞いていないことが多いですが、そうはなりません！

実施者

22

四分割自己紹介

意外と苦手意識を持つ人も多い自己紹介を、制約をつけることでハードルを低くしたワークです。自己を開示し、もっと話したいと思える関係性づくりに役立ちます。

①A4用紙を四分割にして、テーマに沿った自己紹介をキーワードで書く。4人程度のグループで、用紙を見せ合いながら、自己紹介をする。

テーマの例：「名前・趣味・好きな食べ物・やってみたいこと」

ペア／グループ／全体か	G	実施時間の目安	10分
難 易 度	2	用意するもの	紙

ワンポイント解説

知ってもらえて、知りたくなる！

①A4の紙を四つ折りにして、折り目をつけて開きます。教師はできた4マスに記載する自己紹介のテーマを指定します。「左上に名前、右上に趣味、左下に好きな食べ物、右下にやってみたいこと」など。生徒はそれぞれ決められたテーマに沿って、キーワードを用紙のマスに書き出します。4人程度のグループをつくり、1人1分で用紙を見せながら自己紹介をします。教師はお互いに質問をし合う時間も取りましょう。

☆グループメンバーを変えて、四分割自己紹介を繰り返すことで、全体の交流を図ることもできます。

これだけは✕

特になし

やってみて…

フリートークの自己紹介は難しいと感じる人も、紙があると話しやすく、もっと話したいと思えるきっかけにもなります！

実施者

63

23

ウソつき自己紹介

ひとひねりした、クイズ形式の自己紹介です。ウソを1つ入れて、ウソはどれか当ててもらいます。駆け引きが楽しく、聞く力や観察力、洞察力、想像性なども身につきます。

① 「誕生日」「趣味」「好きなゲームやマンガ」「苦手のもの」など、決められた3項目の自己紹介をする。3項目のうち1つに必ずウソを入れる。聞いている側は、どれがウソかを当てる。

| ペア／グループ／全体か | AG | 実施時間の目安 | 10分 |
| 難易度 | 2 | 用意するもの | なし |

> **ワンポイント解説**

どんなウソをつくかを考えるのも楽しい

①グループ（全体でも）で、一人ずつ自己紹介をします。教師は事前に、名前と決められた3項目（例：誕生日・趣味・好きなゲームやマンガ・苦手のもの）で自己紹介をしてもらうこと、3項目の中に必ず1つウソを入れることを伝えます。

☆聞いている側は、どれがウソか想像しながら聞きます。自己紹介をした人は、ウソだと思う項目はどれか、手上げ方式で聞き手にたずねます。正解はどれか、本当はどうなのか、なぜそのウソにしたかなどを発表します。

※応用編として、聞き手のメンバー同士で30秒相談して決めます。1人1つだけ質問してもOKとするのも可です。

> **これだけは ✗**

質問可とする場合、相手のプライベートをしつこく聞くことはNGです。

> **やってみて…**

初めまして同士だと難しい面もありますが、クイズ形式で楽しいですし、意外な一面を知ることも多いです。

実施者

24 他己紹介

自己紹介は苦手という人も意外と多いものです。ペアになった相手に紹介してもらうことで、意外な自分を発見することも。相手の話を整理し、編集する力も養われます。

①ペアになり、お互いにインタビューをする。発表のために整理し、間違っていること、発表してほしくないことはお互いにチェックする。

②全員の前で、インタビューした相手を紹介する。

ペア／グループ／全体か	AG	実施時間の目安	15分
難易度	2	用意するもの	紙、筆記用具

ワンポイント解説

相手の魅力と、意外な一面を伝えよう

①紙と筆記用具を用意します。ペアになり、最初にインタビューをするほうと受けるほうを決めます。3分間、インタビューをします。教師が最低限の聞く項目を決めておいてもいいでしょう。3分が経ったら、インタビューを交代します。発表のために、3分程度、整理をする時間を取ります。

②全員の前で、2人ずつ交互に相手を紹介します。

☆人数が多い場合や、時間が限られている場合は、グループワークにすることも可能です。その際は、インタビュー・整理・発表と担当を分けます。いずれにせよ、他己紹介する相手を尊重することが大切です。

これだけは ✕

ウソをついたり大げさに盛ったりするのはNGです。相手が言って欲しくないことやプライバシーには必ず配慮します。

やってみて…

自分からはなかなか言えなかった自慢や長所、意識していなかった良さもインタビューしてもらい発見できることもあります。

実施者

25 なんでもバスケット

基本的なルールはフルーツバスケットと同じです。身体を動かしながら、自己開示をします。他者との共通項を探していくワークです。

①オニは輪の真ん中に立ち、「自分と一緒で、〇〇な人」と宣言する。当てはまる人は席を移動し、座れなかった人が次のオニになる。

②オニが「なんでもバスケット」と宣言した場合は、全員が席替えをする。

ペア／グループ／全体か	A	実施時間の目安	10分
難易度	1	用意するもの	椅子

ワンポイント解説

狙いは、自己開示と共通項探し

①全体で輪になって椅子を置いて座ります。動き回るので、多少余裕を持った輪にします。最初にオニになる人を決め、その人の椅子は外しておきます。オニは輪の真ん中に立ち、「自分と一緒で、〇〇な人」と宣言します（例：自分の好きな食べ物・マンガ・アイドル・ゲーム・本・趣味・部活・誕生月・血液型）。

当てはまる人は席を移動します。その間にオニは空いている席に座ります。椅子に座れなかった人が次のオニです。以降、繰り返します。

②オニが「なんでもバスケット」と宣言した場合は、全員が席替えをします。その際、隣の席への移動は禁止です。

これだけは✗

席取りの際に、人を押したり無理やり席を奪うのは禁止です。特定の個人が嫌がるお題を出すのもNGです。

やってみて…

「自分と一緒」という制約をつけることで、仲間づくりになり、個人攻撃もなくせるのがいいなと思います。

実施者

26 なんでもバスケット　ペアver.

基本的なルールはなんでもバスケット（No.25）と同じです。席を変わることで身体を動かしながら、自身と他者の一致点や相違点を知っていくワークです。

①オニ以外、輪になって椅子に座る。その際ペアをつくり、ペア同士の椅子は近づけておく。

②オニは「自分と一緒で〇〇な人」と宣言。ペアの両方もしくはどちらか一方が当てはまれば、ペアでジャンケンをして、負けたほうだけが席を移動する。

③オニが「なんでもバスケット」と宣言した場合は、全てのペアがジャンケンをし、負けたほうだけが席を移動。

ペア／グループ／全体か	A	実施時間の目安	10分
難易度	2	用意するもの	椅子

ワンポイント解説

次々変わるペアで、交流度アップ！

①全体で輪になって座る際にペアをつくり、ペア同士の椅子は近づけます。

②オニは輪の中心で「自分と一緒で〇〇な人」と宣言をします。ペアの両方もしくはペアのどちらか一方が当てはまれば、ペアでジャンケンをして、負けたほうだけが席を移動します。2人とも当てはまらないペアは、ジャンケンはせず座ったままです。移動の間にオニは空いている席に座り、座れなかった人が次のオニです。ジャンケンしたペアは必然的に新しいペアになります。

③オニが「なんでもバスケット」と宣言した場合は、全てのペアがジャンケンをして、負けたほうだけが席を移動します。

これだけは✗

席取りの際に押したり、個人が嫌がるお題を出したりすることはNGです。

やってみて…

ペアがドンドン替わるので、普段話さない人とも自然と交流が生まれます。共通点や意外な一面を発見するチャンスです。

実施者

27 仲間集め①

入学直後や新学期など、どんな人がいるのか気になるものです。
そんなとき、自己紹介代わりに使えます。

①質問者が輪の中心に立ち、「私と同じ○○の人」と聞く。

②自分もそうだと思う人が質問者の周りに集まりハイタッチ。

ペア／グループ／全体か	A	実施時間の目安	10分
難易度	1	用意するもの	なし

ワンポイント解説

賛同者がいないときは、教師が仲間になろう

①初めましてのときなど、緊張してなんとなく気まずい雰囲気が流れます。また自己紹介は苦手という人も多いものです。そんなとき、質問形式を用いることで、生徒同士の壁が取り払われます。一人でも自分と同じ人がいるとうれしいものです。

例：「カレーが好きな人」「犬を飼っている人」「3月生まれの人」

☆賛同者が誰もいない場合もありますが、その場合は教師が仲間になりましょう。

②質問者とだけではなく、集まった周りの人ともハイタッチしてください。ハイタッチが終わったら自分の席に戻ります。

☆ハイタッチはエアタッチでも可。

これだけは✗

プライバシーに関わることや、個人の名指しは禁止です。

やってみて…

お互いの共通点を知ることができるだけでなく、ハイタッチで触れ合うことで場の雰囲気が和みます！

実施者

28 仲間集め②

初めての場などで、自分と趣味や価値観が似た人を探す、居場所・仲間づくりのワークです。親近感と安心感を得たり、逆に価値観の多様性を感じることもできます。

①教師が「好きな季節」や「平均睡眠時間」など、複数の回答があるお題を出す。生徒は同じ回答の仲間を探して、集まる。

ペア／グループ／全体か	A	実施時間の目安	5分
難 易 度	1	用意するもの	なし

ワンポイント解説

同じでも、うれしい。違っても、いい。

①教師がオープンクエスチョン（複数回答があるもの）のお題を出し、生徒は同じ回答の仲間を探して集まります。
例としては、「好きな食べ物・動物・ゲーム・教科」などがあります。ただ最初は、選択肢の少ない「好きな季節・カレー・おにぎり・コンビニ・ファーストフード・ラーメン」「平均睡眠時間」「通学時間・手段」などから始めるほうがいいでしょう。段階を踏みながら、自己開示が求められるお題へと進みます。仲間が見つけられなかったときには、教師が「オンリーワン」「ここにいないだけで他にいる」などのフォローをするようにします。

これだけは✗

プライバシーに関わることや、個人の名指しは禁止です。

やってみて…

生徒から質問を募集するのも面白いです。趣味や価値観が同じ仲間がいるというのは、それだけで嬉しいものです。

実施者

29

あなたはどっち派

正解のない問いがあることを知り、自己を開示しながら、他者の価値観も受け入れることができるようになります。

①正解のない問いを教師は投げかけ、生徒は自分が当てはまるほうに手を挙げます。教師は挙手した生徒の数を数えて、発表します。

※問いの例:「朝食は、ご飯派？ パン派？」「アウトドア派？ インドア派？」

ペア／グループ／全体か	A	実施時間の目安	5分
難 易 度	1	用意するもの	なし

ワンポイント解説

正解のない問いを、たくさん用意しよう

① 「朝食は、ご飯派？ パン派？」「アウトドア派？ インドア派？」などといった、正解のない問いを教師は投げかけ、生徒は自分が当てはまるほうに手を挙げます。教師は挙手した生徒の数を数えて、発表します。

☆問いをたくさん用意することで、生徒の参加度を高めることができます。教師自身もどっち派かを表明しましょう。

※発展型として、ペアでの活動を追加することもできます。問いに対して、なぜそう思うのかをペアで話し合います。質問ごとにペアは替えましょう。

これだけは✗

生徒が嫌がるもの、プライバシーに関わる問いはNGです。

やってみて…

授業の導入だけでなく、合間に実施することもあります。「きのこの山派？ たけのこの里派？」は鉄板の問いです！

実施者

30 ブラインド体操

簡単な体操で身体を動かすと、ウオーミングアップになり、気持ちも解放されます。相手に伝える力を養うことにもつながります。

①ペアの1人が目をつむり、もう1人が伝える役割になる。伝える側は、教師の動きを相方に口頭で伝える。目をつむっている側は、聞いた動きを目をつむったまま再現する。

②制限時間がきたら、目を開けて、答え合わせをする。ペアの役割を交代して繰り返す。

ペア／グループ／全体か	P	実施時間の目安	5分
難易度	2	用意するもの	なし

ワンポイント解説

コミュニケーションの楽しさ、難しさを味わう

①ペアをつくり、1人が目をつむり、もう1人が伝える役割になります。教師は丁寧に体操をしますが、体操はドンドン変えます。伝える側は教師の動きを相方に口頭で伝え、目をつむっている側は伝え聞いた教師の動きを再現します。体操は、ラジオ体操や簡単なストレッチから始め、徐々に少し変わった動きなども取り入れてみます。

②制限時間を1分くらいで設定。終わったら目を開けてもらい、どんな体操だったか答え合わせをします。ペアの役割を変えて同じことを繰り返します。その際は同じ体操でも順番を入れ替えるなどして、全く同じ構成にはしないようにします。

これだけは✗

教師は、激しい動きやダンスなどの表現系の動きはしないようにします。

やってみて…

教師は一つ一つの体操を丁寧に行い、生徒の様子を見て体操をドンドン変えていくと、生徒は混乱して盛り上がります。

実施者

31

餅つき

相手のリズムとテンポを五感で感じながら、息を合わせるコミュニケーションメニューです。人によって、拍手（＝コミュニケーション）のテンポの違いを感じられるワークです。

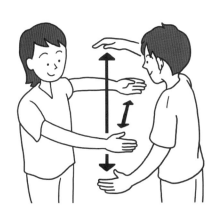

①ペアで向かい合わせになる。1人は手を横に、もう1人は縦にして、ぶつからないように交互に餅つきのように手をたたく。

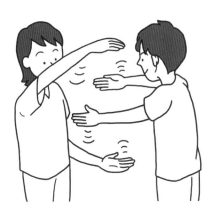

②慣れてきたら、手をたたきながら、ゆっくりと上下左右の角度を90度変えていく。

ペア／グループ／全体か	P	実施時間の目安	5分
難易度	1	用意するもの	なし

ワンポイント解説

相手（の呼吸）を感じることが大事

①ペアになって、1人は手を横にして左右に拍手、もう1人は手を縦にして上下に拍手をします。お互いに手がぶつからないように、交互に、相手が手を広げている間にもう1人が手をたたきます。手を広げる間隔が狭いと相手が拍手できないので、間隔は大きめに取るのがポイントです。

②慣れてきたら、2人で拍手しながら、ゆっくりと上下左右の角度を90度変えていきます。役割が入れ替わったら、元の上下左右にゆっくりと戻っていきます。

☆ペアを替えるとテンポが変わります。相手によって違いがあったか、聞いてみるのもいいでしょう。

これだけは✗

意図的でなくとも相手の手とぶつかるのはNGです。強く手をたたき続けると痛くなるので、注意しましょう。

やってみて…

説明を聞くだけだと面白みが分かりにくいですが、やってみると、相手と息が合うのがとても気持ちいいです。

実施者

32

1・2・3

ペアで「相手に渡す」「相手から受け取る」というコミュニケーションの基本的なメニューです。相手によってリズムやテンポの違いを感じましょう。

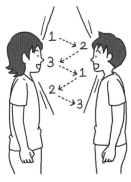

①ペアになり向かい合って「1・2・3」の数字を交互に数え続ける。

②数える練習が終わったら、2を数える代わりにペアで決めたポーズをします。

③例えば、「1・(ポーズ)・3・1・(ポーズ)・3・・」と、交互に繰り返していく。

| ペア／グループ／全体か | P | 実施時間の目安 | 5分 |
| 難易度 | 1 | 用意するもの | なし |

ワンポイント解説

ポーズを決めて楽しもう！！

①ペアになり向かい合って数を数えます。「1・2・3・1・2・3・1・2・・・」とワンカウントずつ交互に数えます。その繰り返し。慣れるまで何回か練習です。

②次に2の数字を数える代わりに、ペアで決めたポーズをします。※2は言いません。

③ペアで、交互に繰り返します。

☆慣れてきたら、ポーズを変えて同じ要領で繰り返してみます。その後、ペアを替えて同じことを繰り返し行い、人によってリズムやテンポが違うことも感じます。

これだけは✗

テンポの速さを競うのは禁止です。自分たちのペースでやりましょう。

やってみて…

3の時に3を言わずに2と別のポーズを入れると一段と難しくなります。

実施者

33 ナイフとフォーク

表現遊びの"はじめの一歩"とも言える、代表的なメニューです。即興性が求められ、創造性と合意形成力などが養われます。

①ペアで、決められたお題に沿って即興で表現する。お題の一例として、「ナイフとフォーク」と言われたら、相談せずに瞬時にナイフとフォークに別れて、表現をする。

②被ったら同じく相談せずに、どちらかが瞬時に変える。

ペア／グループ／全体か	P	実施時間の目安	5分
難易度	2	用意するもの	なし

ワンポイント解説

教師は、テンポ良くお題を変えて

①ペアになり、決められたお題に沿って即興で表現します。教師は「ナイフとフォーク」のように2種類で表現できるものを提示します。ペアで、ナイフを表現する人とフォークを表現する人に、相談せずに瞬時に別れます。

②被ったら、相談せずにどちらかが変えます。

☆お題には太陽と月・暑いと寒い・飛行機と船・車と自転車などもあります。慣れたら、天国と地獄・赤と白・ボケとツッコミなどと難度を上げます。

※発展型として、数人のグループで、動物園・コンビニ・オーケストラ・バスケなどのお題にすることも。役が被ってもOK、動きまで同じなのはNGです。

これだけは✗

相手の動きを見てから動いたり、だれかが指示をしたりするのは禁止します。

やってみて…

同じお題でも、ペアを替えてやると、また違った展開になります。何度も被ったほうが、場は盛り上がります！

実施者

34

連想三歩

歩きながら行う、連想ゲームです。連想する言葉にNGはなし、即興性と一歩出るチャレンジを楽しむメニューです。

① 5～10人で輪になる。教師の言う最初の言葉を復唱しながら、一歩前に出る。

② 連想する言葉を言いながら２歩目、更に連想した言葉を言いながら３歩目を出し、連想を渡したい人の前に立つ。
連想を渡された人は、同様に繰り返す。

ペア／グループ／全体か	G	実施時間の目安	5分
難易度	2	用意するもの	なし

ワンポイント解説

とりあえず一歩出ると、意外と思いつく

①5〜10人で輪になって立ちます。教師が最初の言葉を決めます。1番目の生徒は、その言葉を言いながら前に一歩出ます。

②更に最初の言葉から連想する言葉を言いながら、2歩目を踏み出します。3歩目では、2歩目の言葉から連想する言葉を言いながら、連想を渡したい人の前に進みます。

連想の言葉を渡された人は言葉を繰り返しながら、一歩前に出ます。2歩目は連想する言葉を言いながら、3歩目も同様です。

☆最初の一歩はただ復唱するだけなので、とりあえず一歩出ることが大事です。連想する言葉は特にNGはなし、その人らしさが表れます。

これだけは ✕

一歩出ずにその場で考え込むのはNGです。とりあえず復唱して一歩出るように促します。

やってみて…

みんなが流れに任せてテンポが出てくると、韻を踏む生徒や想像もしない連想が自然と飛び出します！

実施者

35 エイトカウント

空間に対する意識、特に他者との距離感を体感し、周りに対する状況把握力を養っていきます。

①空間を大きく使って、自由に元気よく歩く。歩きがスムーズになったら、教師が「せーの！」と合図を送る。

②全員で「1・2・3・・・・8」と数を数える。「8」で近くの人と両手でタッチする。相手が見つからないとアウト。

| ペア／グループ／全体か | A | 実施時間の目安 | 5分 |
| 難易度 | 2 | 用意するもの | なし |

ワンポイント解説

周りにいる仲間を助けたり、助けられたり

①周りの動きを注視し、歩行速度から空くであろう空間をねらって歩きます。空間に対するバランス感覚を全員が共有できたら、教師は「せーの！」とカウントの合図を送ります。

②全員で元気に「1・2・3・・・・8」とカウントを繰り返しながら歩き、「8」カウント目で近くの人と両手でタッチします。だんだん空間が小さくなるので、教師は「空間を大きく使って自由に歩いてください」など、促しましょう。相手がいない場合はアウトとなり外れます。最後の4人になると終了です。

これだけは✕

タッチしやすいように、示し合わせて同じ方向に歩くのは禁止です。

やってみて…

瞬時に周りにいる仲間とつながらないといけないので、普段交流がない生徒たちが簡単につながれるのは良かったです。

実施者

36 ハンドリンク

手に心があるみたい！ 手と手を合わせるだけで「手に取るように」相手が分かります。ノンバーバルコミュニケーションの代表的メニューです。

①ペアになり、ナビゲーターとついて行く人を決める。右手の手のひらを合わせる。

②ナビゲーターは、手が離れないように、前後、左右、上下と誘導していく。

③手を上に上げ、ゆっくりと身体をひねって一回転する。

④次に3人一組で、ナビゲーターが左右の手を合わせ、2人を誘導する。

ペア／グループ／全体か	PG	実施時間の目安	10分
難易度	3	用意するもの	なし

ワンポイント解説

手に取るように、相手を感じて

①ペアになり、お互いの右手のひらを軽く合わせます。指は閉じます。

②ナビゲーターは、相手の手が離れないようにスピード調節しながら、空間を大きく使って誘導していきます。

相手はそれに合わせて身体を動かします。動き始めると、つい親指で相手の手を握ってしまうので注意してください。

③手を上にして、手のひらを返すように2人で同時に身体をひねり回転します。早く動く必要はありません。

④ナビゲーターを中心に右手と右手、左手と左手を合わせ3人でつながります。誘導される人の身体は、ナビゲーターと逆向きになります。

これだけは✕

隣のペアとぶつかると危険ですので、ナビゲーターは空間を意識しましょう。

やってみて…

身体接触が苦手な人は手を少し離して行なってもいいです。実際やってみて、ナビゲーターか誘導される人のどちらが心地よいか聞くと面白いです。

実施者

37

ブラインドウォーク

目を閉じて行う（ブラインド系）メニューです。ペアの信頼関係があると安心します。また目を閉じることによって普段は意識しない聴覚や触覚、嗅覚を楽しみましょう！

①ペアになり、ナビゲーターは声を使って目を閉じた相手を誘導していく。相手は声を頼りについていく。

②誘導する声は擬音か擬態語のオノマトペです。声の位置や高低を変えて、方向感覚や距離感を体感します。

ペア／グループ／全体か	P	実施時間の目安	10分
難 易 度	1	用意するもの	なし

ワンポイント解説

他のペアとぶつからないように注意

①誘導される人は胸の前で軽く腕を組み、身体をガードしながら声についていきます。
両手を伸ばして探りながら歩くと、他の人の顔を突っついたりするので禁止です。不安な時は止まる。顔を正面に向けて頭を下げないようにしてください。下げると他の人の頭とゴッツンしてしまいます。
②ナビゲーターの誘導する声は、擬音や擬態語（コトコト・カンカン・ヌルヌル）のオノマトペで声掛けします。
☆声の位置の高低をつけたり、全方向から声掛けしたり、声掛けの間隔を空けたり、後方から呼びかけたりして方向感覚を体感させていきます。

これだけは ✕

声掛けに夢中になると、他のペアとぶつかってしまうので要注意です。

やってみて…

目が見えないのは、思っている以上に不安です。ナビゲーターは、相手に安心感を与えながらゆっくり誘導するといいでしょう。

実施者

38

おまかせバランス

相手を信頼して自分の身体を相手に任せます。不安になって、身体がこわばってしまうかもしれませんが、勇気を出してチャレンジしましょう。

①背倒し
ペアになり、一方が棒のようにまっすぐ立ち、受け手の合図で後方に倒れる。

②背合わせ
ペアで背中合わせになり、膝を立てて座る。この状態で立ったり座ったりする。
応用として人数を増やして3〜5人のグループで行っても。

③振り子
3人一組で、真ん中の直立した人を振り子のように揺らす。

ペア／グループ／全体か	PG	実施時間の目安	10分
難易度	3	用意するもの	なし

ワンポイント解説

受け手は、足を開いてしっかり受け止めて

①倒れる人はまっすぐ棒のようになったまま倒れてください。受け手は足を前後に開いてしっかり受け止めます。「ハイどうぞ」とか、必ず合図を送り、倒れる角度は最初は小さく、徐々に大きくしていきます。受け止めるときはひじを軽く曲げて、クッションのように。

②合わせた背中をお互いに揺すってなじませてから立ち上がります。合図の言葉は厳禁です。背中だけで相手の気持ちを感じてください。2～3回上下に動きますが、座るときは腰が床につかないようにします。

③背倒しの要領で、2人の受け手が倒れる人を、肩を基点に前後に揺らします。

これだけは✗

ふざけて行うと倒れて後頭部を打ったりするので、教師は注意を促してください。

やってみて…

背合わせや振り子は恐怖心があって苦手な人もいます。無理せず短い距離から始めるといいです。相手の信頼感も大事です。

実施者

39 和になろう

一人ではできないので、みんなの力を借りて一緒にチャレンジしてみましょう。

①ペアになり、向かい合って両手を握る。身体をまっすぐにして扇形に後方に反る。

②反ったままの状態で上下にしゃがんだり立ったりする。

③同じ動作を4人で輪になって行う。6人、8人と輪の人数を増やしていく。

ペア／グループ／全体か	PG	実施時間の目安	10分
難易度	3	用意するもの	なし

ワンポイント解説

相手の力を借りるのがコツ！

①ひじを伸ばして、バランスよく身体を後ろに倒します。背中を伸ばし、上半身はまっすぐにしてください。
②おまかせバランス（背合わせ）(No.38) と同じく、自分一人でやろうとすると上手くいきません。相手に負担をかけ、力のバランスを取ってください。しゃがんだときに尻餅をつかないように。
③左右の人と手を握り、輪になって同じ動作をします。輪の人数が増えて上手くいかないときは、立ち位置を入れ替えてバランスを取ってください。徐々に輪の人数を増やし、10人以上で挑戦してみましょう！

これだけは ✕

ふざけて行うと、後頭部を打ったりするので要注意です。

やってみて…

上手に立ち上がる人たちは力が抜けていてスムーズです。
男性に多いですが、力任せだとしんどいです。

実施者

・3章・

協力のレク
―みんなで一致団結―

ゲームとしての面白みが強いレクになります。「割り箸リレー」や「発信基地」など、クラスみんなで、グループで協力して遊ぶメニューを集めました。遊んだことのあるであろうレクも含まれており、つい勝ち負けや成功・失敗にこだわりを持ちがちですが、そこにとらわれないことが大切です。

　3章のメニューで大切にしたいのは、失敗を許容し、お互いに助け合える関係づくりにあります。学校の行事やイベントはもちろん、授業のグループワークの前などに行うのがおすすめです。

40

割り箸リレー

ペアになって、割り箸を指1本で運ぶだけのワークです。割り箸の距離に自然と近づき協働することで、一体感を育みます。

①ペアになり、お互いの人差し指を出して、その上に割り箸を1本のせる。2人で、ゴールまで割り箸を落とさずに歩く。

ペア／グループ／全体か	A	実施時間の目安	5分
難 易 度	1	用意するもの	椅子、割り箸

ワンポイント解説

2人が声を掛け合って息を合わせるのがコツ

①ペアをつくり、横並びに立ちます。お互いの人差し指を出し、その上に割り箸を1本のせます。スタートとゴールを決め、2人で割り箸を落とさないように歩きます。落としたらスタートからやり直しです。各ペアのタイムトライアルでも、グループ対抗にしてもいいでしょう。

慣れてきたら、2人が座っているところからスタートして、中間地点を回って戻るコースを設定するのもありです。

※応用編として、声出しNGにする。3人組、4人組など人数を増やします。

※発展型として、1人が目をつむり、コースの安全に気を配りながら、相方が声で指示を出します。

これだけは ✕

割り箸をつかむのはNGです。

やってみて…

転がりやすい丸鉛筆にしたり、人数を増やして難度を上げたりすると、チャレンジ精神に火がついて盛り上がります！

実施者

41 ジャックと海賊

ブラインド系メニューの花形選手です。目隠しをして海賊の宝物を奪うジャック、そうはさせまいとガードする海賊。ドキドキハラハラ、楽しさ一押しです。

① 海賊とジャックになり、目隠しをして両サイドで向かい合う。他の生徒は見学者となる。教師が宝物をセットしたら始まり。

② ジャックは海賊にたたかれないように、早く宝を見つける。海賊は宝をとられる前に剣（新聞紙）でジャックにタッチする。

ペア／グループ／全体か	P	実施時間の目安	10分
難 易 度	1	用意するもの	目隠し、新聞紙、宝物

ワンポイント解説

ジャックをしっかり意識して剣でタッチする

①海賊は新聞紙を丸めて剣の代わりにします。宝物はペットボトルなどでOKです。見学者はゲームエリアの外で待機しますが、柱や機材などがある場合は、前に座って２人をガードします。前に来たら肩を抑えて、ゲームエリアの中心に向けてください。

②見学者は無言で音を出さないようにしてください。ゲームに参加の２人は、足音や床のきしむ音、相手の気配によって相手の位置を推測していきます。海賊は、剣（新聞紙）で相手の位置を探ってOKですが、その際に剣（新聞紙）がジャックに触れるだけでは有効とはなりません。意識的にタッチしなければ無効です。

これだけは✗

新聞紙で強くたたくことは禁止です。

やってみて…

教師が宝物をセットする際、足音などでも宝物の位置が分かってしまうので、気づかれないようにセットしましょう。

実施者

42 手裏剣合戦

エアー手裏剣を投げ合うこと（無対象行動）により、手裏剣のスピードや方向をイメージし、童心に返り、遊び心を持って楽しみましょう！

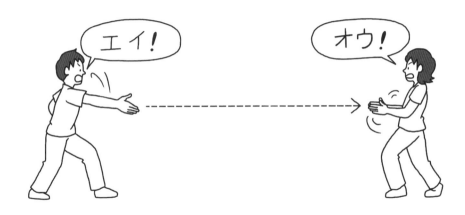

① ペアになり十分間隔を取り、向かい合って1枚の手裏剣（エアー手裏剣なのでもちろん見えない）を投げ合う。
まず投げ手を決め、大きな気合もろとも相手をやっつけるつもりで投げる。受け手も大きな気合もろとも手裏剣をはさむように受け取る。受けそこなってやられたら終了。

ペア／グループ／全体か	P	実施時間の目安	5分
難易度	1	用意するもの	なし

ワンポイント解説

投げ手も、受け手も気合を入れて！

①ペアになり手裏剣の投げ手と受け手に分かれ、大きく間隔を取り向かい合います。空間的には広い空間がベストです。
まず、投げ手が大きな気合もろとも手裏剣を投げます。受け手も、大きな気合もろとも受け止めます。受け取ったら攻守交替です。投げ手は、「エイ！」「トウ！」「ヤー！」など、気合を込めて投げます。受け手も負けじと「オウ！」などと声を出して受け取ります。受けそこなってダメージを受けたら終了です。
教師は、2人の様子を見て終了の合図を入れてください。受け手が受けそこねたと判断したときも終了の判定をします。

これだけは ✗

相手に近づいてもOKですが、3メートル以内に近づくのは禁止です。

やってみて…

手裏剣以外にも水風船、リンゴなどいろんな物に替えてやってみて違いを楽しむのも面白いです。

実施者

43

パタパタ

受け取る→渡すを繰り返すグループワークで、一体感を味わえます。チームビルディングに使えるメニューです。瞬発力・俊敏性が試され、集中力も鍛えられます。

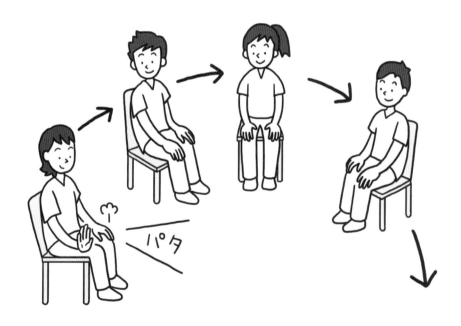

①10人ぐらいで輪になって座る。右手→左手の順で、ひざをパタパタと軽くたたき、隣へ送る。左回りで一周した後、どうしたらもっと早くできるかを話し合い、トライする。

ペア／グループ／全体か	G	実施時間の目安	5分
難易度	1	用意するもの	椅子

ワンポイント解説

みんなで集中力を高め、一体感を味わおう！

①10人ぐらいのグループで、輪になって座ります。一人ずつ、右手→左手の順でひざをパタパタと軽く叩き、隣へ送ります。まず、起点の人から左回りで一周してみます。2回目をやる際に、教師は「どうすれば早くなるか？」と話し合いを促すようにします。グループ対抗や、タイムトライアルにすると、より真剣に協働が始まります。

左回りに慣れたころ、起点の人から右回りで左手→右手のパタパタをしてみて、順位やタイムが変わったか、やりやすさなどを聞くのもいいでしょう。

これだけは ✕

全員が同時にパタパタとひざをたたくのはNGです。

やってみて…

勝負は一瞬です。勝負にこだわるあまり、ズルするグループが出る場合もあるので、注意して審判をしています。

実施者

44

ハイ・イハ・ドン

緊張状態の中で、「見る」「聞く」「反応する」のタスクを処理する、集中力を養うゲームです。身体を寄せ合うことで、一体感を感じることもできます。

① 5人ぐらいで片手を重ねる。教師の「ハイ」に合わせ、一番下の人が手を一番上に移動。「イハ」は、一番上の人が手を一番下に移動する。

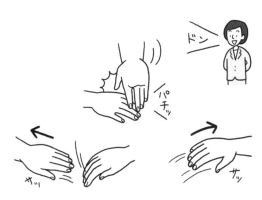

②「ドン」は、一番上の手の人が、その下の手をたたこうと、軽く振り下ろす。

ペア／グループ／全体か	G	実施時間の目安	5分
難易度	1	用意するもの	なし

ワンポイント解説

教師は声量や調子を変えて、緊張と緩和を

①5人ぐらいで輪をつくり、全員が片手を輪の中心に出し、手を触れないように重ねます。
　教師が「ハイ」と言ったら、一番下の手の人が、手を一番上に移動し重ね直します。「イハ」では、一番上の手の人が、手を一番下に移動し、重ね直します。

②「ドン」は、一番上の手の人が、その下の手をたたこうと軽く振り下ろします。下の人は、手をたたかれないように素早く引っ込めます。手をたたけたら勝ちです。最初のセットポジション（重ねる順番は変更可）に戻して、繰り返します。

※発展型として、両手を使うと、自分の手もたたく可能性が出て難しくなります。

これだけは✕

強く手を振り下ろすことは禁止です。身体接触が苦手な生徒がいる場合には、手の間隔をあけるようにします。

やってみて…

「ドン」で全員が手を引いたり、「ハイ」「イハ」でも手を引いたりと、みんなの緊張がヒシヒシと伝わってくるワークです。

実施者

45

いっせーのーせ

いつでもどこでも気軽に簡単にできる、幅広い世代で親しまれている指遊びです。地方によって呼び名が違いますが、ペアからグループまで盛り上がること必至です。

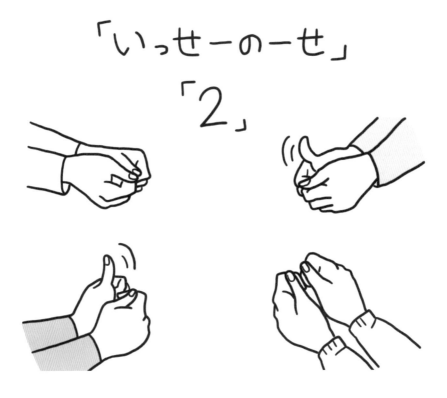

①②2～5名程度で輪になる。両拳を前に出し、「いっせーのーせ」の掛け声に合わせて、数字を言うのと同時に親指を上げます。宣言した数と上がった親指の数が同じだったら成功、片手を引く。2勝した人の勝ち。

ペア／グループ／全体か	PG	実施時間の目安	5分
難易度	1	用意するもの	なし

ワンポイント解説

おなじみの指遊びを、気軽に

①ペアもしくはグループ（5人ぐらいまで）が輪になります。親指が上を向くようにして両手の拳を前に出します。掛け声「いっせーのーせ」に合わせて、生徒は「親指を片方上げる（1）」、「親指を両方上げる（2）」、「親指を両方下げたまま（0）」のいずれかをします。親となる一人は掛け声の後すぐに上がった親指の数を予想して宣言、当たったら片手を引きます。

②親は順番に代わりながら繰り返します。2勝して両手が引けたら勝ち抜けです。ペアの場合はこの時点で終了です。グループの場合はそのまま続け、最後まで残った人が負けとなります。

※発展型として、勝った人を集めて、さらに勝負させるのもよい。

これだけは✕

特になし

やってみて…

なじみのないメンバーでも気軽にできるので、盛り上がります。

実施者

46

ナンバーコール

場の雰囲気を和ませるのに最適な、「信号送り」のメニューです。
理屈抜きに楽しめ、リズムにのって心と身体を無理なくときほぐしていきます。

①輪になり1から順に番号を振る。最後の番号の人からスタート。

②全員で4拍子をつくり1拍目でひざをたたく。

③2拍目で手をたたく。

④3拍目で右親指で右隣を指し、自分の番号を言う。(例:「8」)

⑤4拍目で左親指で左隣を指し、好きな番号を言う。(例:「3」)

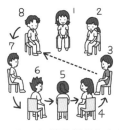

⑥次は3番の人が発信者となり、間違うとアウト。最下位(8)の席に移動。

ペア／グループ／全体か	G	実施時間の目安	10分
難易度	2	用意するもの	椅子

ワンポイント解説

リズムにのって、声を出すだけで気持ちいい

①椅子に座ると番号が分かりやすくなります。始めはゆっくりとしたリズムで練習してみましょう。最初の発信者は最後の番号の人です。教師が「セーノー」と声を掛けて全員でリズムをつくります。②③ひざたたきと手拍子をつけます。

④⑤まず自分の番号、次に好きな番号を指名します。みんなに聞こえる声を意識する。

⑥指名された番号の人が、今度は発信者になります。言い間違えたり、リズムを大きく外したらアウト、最後の番号に落っこちます。落っこちた番号以下の番号の人が席を移動し、番号が繰り上がります。以降、繰り返します。

これだけは✕

リズム遊びが苦手な生徒もいます。慣れるとテンポが速くなるので気をつけてください。

やってみて…

1番が落っこちるとみんなが繰り上がり盛り上がりますが、だれもミスせずリズムよく続くのも気持ちいいものです。

実施者

47

30言ったらドボン

最後に30を言ったら負けのシンプルなゲームです。いかに30を他の生徒に言わせるか、心理戦も楽しむメニューです。

①5～6人で輪になり、順に数を言っていきながら、最後に30を言った人がドボン（負け）。1度に数えられるのは、1～3カウント。

ペア／グループ／全体か	G	実施時間の目安	5分
難 易 度	1	用意するもの	なし

ワンポイント解説

数字が30に近づくとみんなドキドキします

① 5～6人で輪になります。起点となる人から時計回りに1～30を順番に数えていき、最後に30を言った人がドボン（負け）です。数えられる数字は、1人3カウントまでとし、1カウントだけでも、2、3カウントしてもOKです。例えば、27の人が「27・28・29」と3カウントして隣の人に30を言わせることもできれば、28までにして隣の隣の人に30を言わせてドボンにすることも可能になります。

☆ いくつかのグループで同時進行し、負けた人を他のグループの負けた人と入れ替えるのも、交流が増えて面白いです。

※ 発展型として、「20言ったらドボン」と最後の数を変更したり、「カウントできるのは2つまで」とルールを変更するのもあり。

これだけは✗

1、3、5などと、数字を飛ばすのは禁止です。

やってみて…

やっていくうちに、この数字を言ったら勝ち（負け）など発見できるのも楽しいです。

実施者

48

50カウント

順番に数字を数えるだけの、簡単で取り組みやすいワークです。グループワークに入る前の導入として、グループ対抗で行うことが多いです。

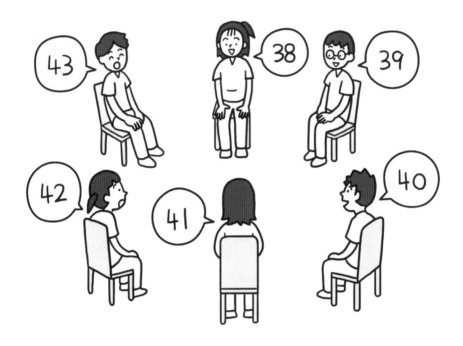

① 複数の6人グループをつくる。それぞれ輪になり、起点となる人から順に、50まで数を数える。グループ対抗で、いち早く数え終えられたグループの勝ち。
② 2回目は、50からカウントダウンする。

ペア／グループ／全体か	G	実施時間の目安	5分
難 易 度	1	用意するもの	なし

ワンポイント解説

1→50・50→1でワンセット

①基本6人グループをつくり、輪になります（5人だと数える数字が分かり面白みがありません）。起点となる人から左回りに、数字を1から1人1カウントずつ数えるだけです。数えている途中で数字を間違えたり、飛ばしたりした場合は、最初に戻ってやり直します。グループ対抗でいち早く50まで数えますが、立って行い、終了したら座るようにアナウンスをすると、終わったグループが分かりやすくなります。

②2回目は同じルールで50からカウントダウンします。

☆教師は最後のグループや間違ってやり直ししたグループには、やり切ったことを賞賛しましょう。

これだけは✗

間違いをごまかすのはNG。グループ対抗で最後になったからといって、途中で止めることも禁止です。

やってみて…

何が面白いのか分からないくらい簡単なワークですが、意外に熱くなります。特にカウントダウンは間違えがちです！

実施者

49

あぶりカルビ

早口言葉のように噛みそうな言葉を、徐々に増やしていくゲームです。自分の失敗も、他者の失敗も笑いながら受容できるようになります。チャレンジ精神も鍛えられます。

①5～6人で輪になり、起点となる人が「あぶりカルビ」と1回言い、左隣の2人目は「あぶりカルビ、あぶりカルビ」を2回というように回数を増やしていく。

②途中で噛んだり、言う回数を間違えたら、みんなでエアハイタッチしながら「イエーイ！」と言って盛り上がる。

ペア／グループ／全体か	G	実施時間の目安	5分
難易度	1	用意するもの	なし

ワンポイント解説

失敗してもいいんだよ！　受容が大事！

①5～6人で輪になり、起点となる人が「あぶりカルビ」と1回言います。左隣の2人目は2回「あぶりカルビ、あぶりカルビ」と言います。以降、一人ずつ回数を増やしていきます。

②途中で噛んだり、言う回数を間違えたら、（失敗を笑い飛ばす意味で）みんなでエアハイタッチしながら「イエーイ！」と盛り上がるようにします。失敗した生徒が改めて起点となって、再開します。時間制限内に、最大で何人まで続いたかをチェック、他のグループと競うのも面白いです。

※応用編として、お題を、ミャンマー・きゃりーぱみゅぱみゅ・バスガス爆発などに変更します。

これだけは✕

失敗しないようにゆっくり丁寧に発話するのはNGです。

やってみて…

失敗するほど盛り上がるメニューです。失敗したときのエアハイタッチが、更に気分を盛り上げてくれます！

実施者

50

隠れてる生き物を探そう

なぞなぞ感覚で、思い込みの枠を外すメニューです。俯瞰する力や発見力・発想力を養います。授業のウォーミングアップや集中力がなくなったときにも活用できます。

①教師は、黒板やホワイトボードにお題となる言葉を書く。生徒は「ちりとり」の中の「トリ」など、お題の言葉の中に隠れている別の言葉（生き物の名前）を探す。

| ペア／グループ／全体か | A | 実施時間の目安 | 5分 |
| 難易度 | 1 | 用意するもの | なし |

ワンポイント解説

ひらめき＆観察力＆発見力

①教師は、黒板やホワイトボードにお題となる言葉を書きます。生徒は言葉の中に隠れている、別の言葉（生き物の名前）を探します。

☆出題例：お題の言葉（隠れている言葉）

ちりとり（トリ）、野菜（サイ）、ぎゅうにゅう（ウニ）、潜水艦（イカ）、焼きリンゴ（キリン）、風呂場（ロバ）、教室（牛）、教師（牛）、表紙（ヒョウ／牛）、レインコート（インコ）、宮城県（ヤギ）、石川（シカ）、テトリス（トリ／リス）、おにぎり（オニ）など

これだけは✗

特になし

やってみて…

漢字、ひらがななどで難易度に差をつけることができます。いろいろなパターンで問題をつくっておくといいかもしれません。

実施者

51

あるなしクイズ

クイズ番組などでもよく見るお馴染みのメニューです。語彙力や発想力、思考力などが鍛えられます。いつでもどこでも簡単に始められ、ウォーミングアップにも最適です。

① 教師は、黒板やホワイトボードにお題となる言葉を書く。生徒は、「ある」と「ない」に分けて書かれた言葉から、「ある」ほうにだけある共通点や特徴を見つけ出す。

ペア／グループ／全体か	A	実施時間の目安	5分
難易度	1	用意するもの	なし

ワンポイント解説

ひらめきと推理力が試される

①教師は、黒板やホワイトボードにお題となる言葉を書きます。生徒は、「ある」と「ない」に分けて書かれた言葉から、「ある」ほうにだけある共通点や特徴を見つけ出します。答えが分かったら、教師に伝えにいきます。分からない生徒には教師や正解した生徒からヒントを出します。難度を上げた場合は、ペアやグループで考えてもらうのもありです。

☆出題例：ある⇔なし
・焼きリンゴ⇔焼きバナナ、宮城県⇔宮崎県、レインコート⇔傘、教室⇔保健室　【正解】動物
・ネット⇔テレビ、後ろ⇔前、トランペット⇔バイオリン、うどん⇔ラーメン　【正解】干支

これだけは ✗

特になし

やってみて…

ペアやグループで問題を考えてもらい、他グループと交換して解き合ってもらったこともあります。

実施者

52 同じ画数の漢字を集めよう!

個人戦だと自己完結ですが、グループ戦にすることで自然と役割分担や協力が生まれます。また他者肯定感も養われます。正しい画数を知るなど、漢字の勉強にもつながります。

① 3人ぐらいのグループをつくる。教師が画数のお題を出し、グループ対抗で、該当の画数の漢字をできるだけ多く書き出す。もっとも多く書き出せたグループの勝ち。

ペア／グループ／全体か	AG	実施時間の目安	5分
難 易 度	1	用意するもの	紙、筆記用具

ワンポイント解説

グループ対抗にして漢字をいっぱい集めよう

①3人ぐらいのグループをつくります（人数が多すぎると意見を出さない人がでます）。教師が画数のお題を出し、グループで該当の漢字をできるだけ多く書き出してもらいます。例えば2画の場合、「二・七・八・九・十・人・入・力・刀・丁・又・了・乃・卜」などがあります。制限時間は3分以内とし、漢字をもっとも多く出したグループの勝ちです。教師は、他のどこからも出なかった唯一の漢字を出したグループも賞賛するようにします。

※応用編として、難しい漢字や間違いやすい画数の漢字を考えてもらうパターンもあります。

これだけは ✕

答え探しになるため、辞書やスマホの使用は禁止します。個人戦とするのもレクの目的から外れるのでやめましょう。

やってみて…

画数の少ない漢字から入ると熱中します！ 意外な漢字が出ると盛り上がるので、事前に調べておくのもおすすめです。

実施者

「田」の中の漢字を探せ!

個人戦だと自己完結ですが、グループ戦にすることで自然と役割分担や協力が生まれます。また他者肯定感も養われます。正しい画数を知るなど、漢字の勉強にもつながります。

① 3人ぐらいのグループをつくる。グループ対抗で、「田」のなかに隠れている漢字をできるだけ多く探し出す。もっとも多く探し出せたグループの勝ち。

ペア／グループ／全体か	AG	実施時間の目安	5分
難易度	1	用意するもの	紙、筆記用具

ワンポイント解説

15個以上探し出せたら、すごい！

① 3人ぐらいのグループをつくります。（人数が多すぎると意見を出さない人がでます）。教師の合図で、「田」のなかに隠れている漢字を、できるだけ多くグループで書き出してもらいます。制限時間は3分以内とし、もっとも多く漢字を探し出したグループの勝ちです。

「田」のなかに隠れている漢字には、「一・二・三・十・干・土・山・川・王・口・日・田・旧・上・エ・丁・己・巴・巳・卍」などがあります。ハネや多少の曲がりは良しとします。教師は、他のどのグループからも出なかった漢字を探し出したグループも賞賛します。

これだけは✗

答え探しになるため、辞書やスマホの使用は禁止します。個人戦とするのもレクの目的から外れるのでやめましょう。

やってみて…

答えを聞くと「それもあったか！」というくらい、簡単な漢字が多いので盛り上がります！

実施者

54

言葉の扉

言葉に意識を向けるメニューです。イマジネーションを高めるとともに相手に対する思いやりの心を触発します。

①黒板を背にして回答者は椅子に座る。ヒントを出す生徒は、回答者を囲んで座る。教師が黒板に単語を書く。

②生徒は一人ずつ順番にヒントを出します。回答者はヒントを聞いて、黒板の単語を当てる。ヒントは1人1単語。答えが当たれば、回答者を交代する。

ペア／グループ／全体か	A	実施時間の目安	**15分**
難 易 度	2	用意するもの	**椅子**

ワンポイント解説

連なるヒントをヒントに助け船を出そう！

①回答者は黒板を背に座り、他の生徒は囲むように座る。最初は教師が黒板に単語を書く。

②回答者の向かって左の生徒からヒントを出していきます。ヒントは1人1単語です。回答者は1つのヒントから回答は1回です。答えが当たれば、向かって左の生徒から順に回答者と入れ替わります。次の回答者が座ってから前の回答者は黒板に単語を書き、空いている席に座る。回答を導き出した生徒の隣の生徒からヒントを出します。

☆教師はヒントを復唱したり、「次のヒントをください」と促したり、回答者とヒントを出す生徒をつなぎましょう。

これだけは✗

答えそのものを示すヒントは禁止です。例：「太陽」というお題に、「お日様」「サン、サン」など。

やってみて…

生徒によってヒントの出し方が異なるので、言葉やモノの見方の相違を感じることができます！

実施者

55

身体でしりとり

ジェスチャーだけで行うしりとり遊びです。おしゃべりすると簡単に伝わりますが、ジェスチャーだけで伝えるにはお互いの協力が必要です。

①輪になって座り、まず言葉を使っての普通のしりとりを一回りする。言葉の語尾が「ん」になる言葉はアウト。

②一周したら次は無言で、しりとりの言葉を身体を使って表現する。みんなで言葉を当てたら、次の人がしりとりで表現する。

ペア／グループ／全体か	G	実施時間の目安	**10分**
難易度	2	用意するもの	なし

ワンポイント解説

困ったときは、みんなで助け合おう！

①輪になって座り、教師から順に左回りに「しりとり」をします。

②一周して教師に順番が戻ったら、身体の表現だけでしりとり遊びをします。次は言葉を使ってのおしゃべりは禁止です。

表現する人は必ず立ってから表現しましょう。しりとりの言葉が思い付かないときや、表現に困ったときは教師や仲間がヒントを教えてあげてください。人の目にさらされること、自主的に問題解決に取り組む体験は大切ですが、どうしても答えが分からない場合は、周りの人が助けるほうがもっと大事です。

これだけは✕

特になし

やってみて…

どう身体で表現していいか困っているときは、教師や仲間が助けてあげるのも大事です。

実施者

56

カウントジャンプ

ルールさえ把握できて進められれば、一体感や充実感を感じることができます。チームビルディングにも使えるメニューです。

①輪になり最初は一人ずつ、左回りで「1」と言いながらジャンプしていく。

②次は2人一組で「2」と言いながら、2人一緒にジャンプをする。区切りとなるスタート地点に戻ったら、次は3人一組で。以降、繰り返す。ただし区切りとなるスタート地点をまたいでペアや3人組になるともう1周します。

ペア／グループ／全体か	A	実施時間の目安	10分
難 易 度	2	用意するもの	なし

ワンポイント解説

息を合わせて、一緒にジャンプ！

①全員で輪になります。最初は一人ずつ時計回りで、「1」と言いながらジャンプしていきます。

②スタート地点に戻ったら、次は2人一組で一緒に「2」と言いながらジャンプしていきます。またスタート地点に戻ったら、次は3人一組で「3」というように繰り返していきます。

ただし区切りとなるスタート地点をまたいでペアや3人組になるともう1周します。切りよくスタート地点から人数アップになるまで何周もします。

スタート地点に目安として水筒など置くといいでしょう。

☆口頭説明だけだと意外と分かりにくいので、教師はやりながら説明をしましょう。

これだけは ✕

特になし

やってみて…

少人数でやってから全員でやるのもいいと思います。少人数だけで終えても楽しいです！

実施者

57 カウントアップ

授業の始めなど、ざわついた雰囲気を集中させるのにもってこいのメニューです。また隙間時間にサクッとできて楽しめます。

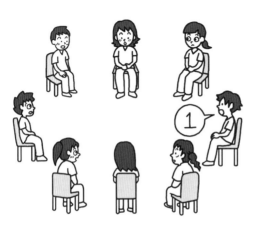

①輪になって座り、1から順に数を数える。だれから始めてもだれが続けても自由だが、1人が続けて数を数えるのは禁止。

②他の人の声と重なってしまったらアウト、ゲーム終了（例：5で重なったら、4カウントまで成功）。

ペア／グループ／全体か	AG	実施時間の目安	5分
難易度	1	用意するもの	なし

ワンポイント解説

教室の席に座ったままでもできる

①他の人と重なることなく、自由に数を数えてどこまで数えられるか試みるメニューです。消極的な人もいますので、必ず1回はカウントするようにルールを決めます。席に座ったままでもできますし、グループ別に対抗戦にしても面白くなります。また、目を閉じて行うと緊張感が増します。
教師が「用意、ハイ！」と手を打って始めの合図をします。続けてカウントしなければ何回カウントしてもOKです。

②大きくはっきりとカウントしましょう。すばやくカウントしたり、間を取って声がぶつからないように緩急をつけたりすると盛り上がります。

これだけは✕

1人で「5・6・7」などカウントを続けることや、アイコンタクトなどで指示するのも禁止です。

やってみて…

出席番号順など安易な方法になることもあるので、その際は、出席番号を声に出さずに座る、目をつむってやるのもありです！

実施者

58

みんなで歩く・止まる

歩きながら、空間での自分の位置感覚（空間認知能力）を養っていきます。また周囲にアンテナを張り、周りを感じる能力を高めましょう。

①他者との間隔を均等に保ち、無駄な空間をつくらない。

②だれか１人が止まると、全員が同時に止まる。１人が動き出せば全員が動く。

③次に２人だけで歩く。歩けるのは２人だけ。２人が止まれば次の２人が歩く。

④次に３人で歩く。歩けるのは３人だけ。３人が止まれば次の３人が歩く。

ペア／グループ／全体か	A	実施時間の目安	10分
難易度	3	用意するもの	なし

ワンポイント解説

アンテナを張って、周囲を感じる

①自分の歩く空間と他者との距離感に気を配りながら、自由かつ絶えず均等に全体を埋めるように歩くように心掛けます。
②1人の動きに全員が同調しますが、動くのも止まるのもだれが仕掛けても自由です。
③次は2人だけで歩きます。2人以上歩き始めた場合は、だれかが気配りして2人になるように調節します。
④3人も、2人だけの場合と同様です。

これだけは✕

友達と群れて、同じ方向に歩くのは禁止です。

やってみて…

指示されて止まる、歩くをやらされるより、自分たちの意思で行うことで参加度が上がります。静かに盛り上がる感じです。

実施者

59 発信基地

全員が同じ動きをしているなかで、表現の発信者を見つけるゲームです。発信者が分からないようにみんなで駆け引きすることが、とても楽しいメニューです。

①オニを決め、目を閉じたオニを囲んで輪になる。

②みんなで発信者を決め、全員で動きを真似る。教師がオニに目を開けるように促し、オニは発信者を探す。

③オニは発信者を2回まで当てられる。当てるかアウトになった場合、発信者とオニを交代。

ペア／グループ／全体か	A	実施時間の目安	10分
難易度	3	用意するもの	なし

ワンポイント解説

駆け引きを楽しもう！

①ジャンケンでオニを決めます。オニ以外の人は十分な間隔を取り、輪になります。オニは輪の真ん中で目を閉じて待機します。

②オニに悟られないように、みんなで発信者を決めます。発信者の動きを真似て、全員の表現がそろったら教師は「ハイ、目を開けて」とオニに声を掛けるようにしましょう。

③オニは発信者を2回まで当てられる。当てるかアウトになった場合、発信者とオニを交代。

☆視線が発信者に集まるとすぐに見つかってしまうので、表現を真似する人は、視線をずらすとか、発信者以外の人から表現をもらうようにしてオニを撹乱します。

これだけは✕

発信者は動かないとオニは何も判断できないため、ずっと静止するのはNGです。

やってみて…

オニを撹乱する動きの駆け引きが、盛り上がります！ 意外に大胆に動くと分かりづらいです。

実施者

60 イルカの調教

拍手という賞賛のフィードバックがうれしく、やる気を生みます。また、想像力も養われます。拍手をする側も、賞賛が人を動かす経験をすることができます。

① イルカ役は教室から出る。調教師全員で動作やポーズを決める。

② イルカはどんな動作が求められているかを想像しながら動く。調教師は決めた動作やポーズに近づいたら拍手、離れたら拍手を止める。

③ イルカが決められた動作やポーズをしたら、最大限の拍手で賞賛。

| ペア／グループ／全体か | A | 実施時間の目安 | 5分 |
| 難易度 | 2 | 用意するもの | なし |

ワンポイント解説

拍手をもらうと嬉しいんです！

①イルカ役1人を決め、他の全員は調教師となります。イルカ役は教室から出て、その間に調教師は、屈伸する・両手で大きく手を振る・かかし立ち・靴を履くなど、イルカにやってもらいたい動作やポーズを相談して決めます。

②イルカ役は部屋に入って調教師たちの前に立ち、どんな動作やポーズをしてほしいかを想像しながら動いてみます。調教師は、イルカが決めた動作やポーズに近づいたら拍手をし、離れたら拍手を止めます。

③イルカが決められた動作やポーズをしたら、最大限の拍手で賞賛します。制限時間は2分とし、教師は時間管理をします。

これだけは✕

声を出したり、仕草で教えたりするのは禁止です。

やってみて…

回数を重ねるごとにイルカも調教師も上手くなっていきます。指定する動きも複雑になっていきますよ。

実施者

61 人間知恵の輪①

頭で考えるより、身体を動かしていくうちに正解に導かれます。行動力と協調性が養われます。テンション高く盛り上がるというより、じっくり静かに集中するメニューです。

①基本形：全員が内向きの輪になり、両隣と手をつなぐ。

②Aパターン：身体の前で手を交差して、両隣と手をつなぐ。

③Bパターン：全員が外向きの輪になり、両隣と手をつなぐ。

④Cパターン：身体の前で手を交差して、両隣と手をつなぐ。

⑤基本形から一切手を放さずに、A・B・Cの全パターンを行う。

ペア／グループ／全体か	G	実施時間の目安	**10分**
難易度	**2**	用意するもの	**なし**

ワンポイント解説

やっていくうちに正解が見つかる

①複数人で輪になり、全員が内側を向いて両隣の人と手をつなぎます。これが基本形です。

②内向きの輪の状態で、自分の身体の前で手を交差させて、そのまま両隣の人と手をつなぎます。これがAパターンです。

③今度は全員が輪の外側を向き、両隣の人と手をつなぎます。これをBパターンとします。

④外向きの輪の状態で、自分の身体の前で手を交差させて、そのまま両隣の人と手をつなぎます。これがCパターンです。

⑤基本形に戻り、ここからがスタートです。今度は一切手を離さずにABCの全パターンの隊形を目指す（順不同です）。

これだけは ✗

無理に動くと、ねじれた手を傷める場合があります。あわてずゆっくりと解いていきましょう。

やってみて…

人間知恵の輪②（No.62）とセットで行うとスムーズに実施できました。正解があるこちらを先にやるといいです。

実施者

62 人間知恵の輪②

「おしくらまんじゅう」のような団子状態から、みんなで考えながら試行錯誤して楽しむメニューです。

①輪になり向かい側の人と手をつなぐ。隣の人とはつながない。

②輪をがんじがらめに絡らませる。

③身動きできない状態で準備OK。そこから元の輪に戻す。

ペア／グループ／全体か	G	実施時間の目安	15分
難易度	3	用意するもの	なし

ワンポイント解説

時間の余裕をもって、じっくりと

①輪になって、向かい側の人と手をつなぎます（中高生の場合は男女別で実施するといいでしょう）。途中で手を組み替えないでください。
②輪をがんじがらめに絡らませます。
③これで準備OKです。絡んだ輪を元に戻していきます。話し合いながら元に戻します。輪が2つになったり、解けないこともあります。

これだけは✗

無理に動くと、ねじれた手を傷める場合があるので、あわてずゆっくりと解いていきましょう。

やってみて…

解けないこともありますが、試行錯誤したり、改めてまたやってみたりするのも楽しいです。

実施者

63

フラフープリレー

フラフープを使ったメニューです。みんなで一つにつながる体感が気持ちいい、チームビルディングに活用できるワークです。

① 5〜10人で輪になる。全員が手をつなぎ、スタートの合図で手を離さずにフラフープをくぐり抜け、次の人へ送っていく。最後の人までフラフープが到達するとゴール。

ペア／グループ／全体か	G	実施時間の目安	5分
難易度	2	用意するもの	フラフープ

ワンポイント解説

みんなで協力してつながりを感じる

①5～10人で輪になり、全員で手をつなぎます。始めに、起点となる人とその隣の人が手をつないだところにフラフープを通します（この時は手を離してOKです）。スタートの合図で、手を離さずにフラフープをくぐり抜け、次の人へフラフープを送っていき、最後の人まで到達すればゴールです。

途中で手を離すと最初からやり直します。一度やってみた後、グループで相談して、どうしたら早くなるかを考え、再チャレンジします。グループ対抗やタイムトライアルにするのもいいでしょう。

※発展型として、60秒で何人くぐり抜けることができるかチャレンジします。

これだけは ✕

特になし

やってみて…

体格がいいとくぐり抜けが難しく、普段と違った生徒の活躍が光ることも多いです！

実施者

64 椅子取りゲーム

空いている椅子を協力して埋めて、オニを座らせないようにする戦略的な椅子取りゲームです。協働性と俯瞰的な視点、リーダーシップやフォロワーシップなどが養われます。

① 生徒の数にプラス1脚して、椅子をバラバラに配置して座る。椅子の周りは人が1人歩けるくらい空けておくようにします。オニは空いている席に座ろうとして、ゆっくり歩く。

② 生徒は協力しながら、オニが座ろうとする空席に座って埋める。制限時間いっぱいオニが椅子に座るのを阻止できれば勝ち。

ペア／グループ／全体か	A	実施時間の目安	5分
難易度	2	用意するもの	椅子

ワンポイント解説

どうしたら椅子を守れるか、それは協働

①教室内に、椅子をバラバラの方向に向けて置きます。椅子の数は生徒数にプラス1（オニの1脚）、椅子の周りは人が1人歩けるくらい空けておくようにします。生徒は座り、オニは空いている席に座ろうとゆっくり歩きます（慣れるまで教員がオニになりましょう）。

②生徒はオニが座ろうとする席に、次々と座って埋めるようにしていきます。あくまで空席に座って埋めるだけです。生徒は一度立ったら、元の椅子に戻ることはできません。制限時間は2分間とし、オニから椅子を守れたら勝ちです。1分を越えたら、少しずつオニの動きを早めると盛り上がります。

これだけは ✗

オニの身体に触ったり、動きや進路を妨害するのは禁止です。

やってみて…

オニは遊び心を持って、ゆっくりと歩くのがオススメです。
生徒側に徐々に椅子を埋めるイメージができてきます！

実施者

65 一筆書き

発信し、受信するという信号送りのメニューです。アイコンタクトなど、丁寧なコミュニケーションの大切さを感じるだけでなく、状況把握能力も鍛えられます。

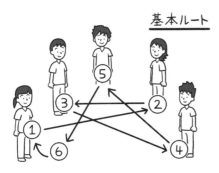

① 10人程度で輪になる。番号を回しながら、一筆書きのルートをつくる。

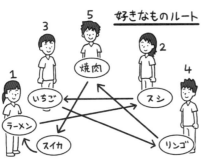

② ルートを覚えたら、「好きな食べ物」「都道府県」などのお題を、一筆書きのルート順に発表しながら回していく。

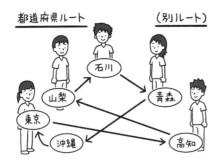

③ 慣れてきたら、別ルートをつくる。複数のルートで複数のお題を回していく。

ペア／グループ／全体か	G	実施時間の目安	10分
難 易 度	2	用意するもの	なし

ワンポイント解説

より丁寧なコミュニケーションを目指す

① 10人程度で輪になります。起点の人から両隣以外の人に番号1を渡します。受けた人は、両隣ともらった人以外に番号2を渡し、同様に繰り返していきます。1度番号が渡った人には回さず、最後の人は起点の人に番号を渡します。残っている人が分かるように、まだの人には挙手してもらっておくと混乱しません。ルートは何度も回しながら覚えます。

② ルートを覚えたら、好きな食べ物・都道府県・国名などのお題で、番号順に発表していきます。

③ 慣れてきたら、別ルートをつくり、元のルートも活かしつつ、同時に複数のお題を回していきます。

これだけは✗

ルートを勝手に変えたり、回すものを勝手に増やしたり減らしたりするのはNGです。

やってみて…

一筆書きが途絶えたら、責任を追及せず、どうしたら途絶えなくなるか考えさせるようにしています。

実施者

66

みんなで一言

伝える、聞くということにフォーカスしたメニューです。伝える側は声の強弱や声量などを工夫し、聞く側も推測しながら、集中力を持って聞くことが大切になってきます。

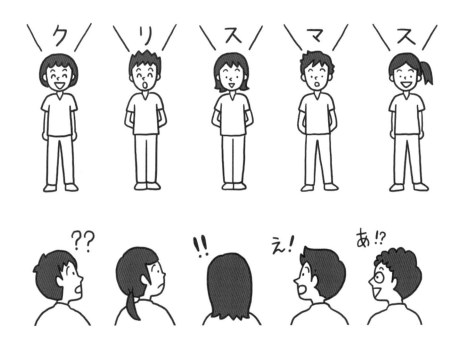

①5人程度のグループをつくり、5人なら5文字と、人数に合わせた単語を決める。それぞれ1つ担当する文字を決めてから、言葉の並び順に横一列に並び、同時に発声する。聞いている生徒は、発声された単語を当てる。

ペア／グループ／全体か	G	実施時間の目安	10分
難易度	2	用意するもの	なし

ワンポイント解説

伝える側の工夫と聞く側の工夫が必要

①5人程度のグループをつくり、人数に合わせた単語を決め（5人なら5文字）、それぞれ1つ担当する文字を決めます。言葉の並び順に横一列に並び、同時に発声します。聞いている生徒は推測しながら単語を当てます。

伝える側と聞く側の距離は、伝える側全員が見渡せるように5m程度離れるようにしましょう。1度では正解しないので、教師は伝える側に「どうしたら伝わるか」を相談してもらうようにします。何度目で正解させることができるか、グループ対抗にするのもいいでしょう。慣れたら、並び順を文字の並びとバラバラにするなど難度を調整します。

これだけは ✕

口の形を変えて発声したり、口ごもるのは禁止です。

やってみて…

どうしたら伝わるかを試行錯誤しますが、思っているより伝わらないという経験も大切な学びになると思っています。

実施者

67

人文字

グラウンドなどで行うことが多い人文字は、教室でも可能です。表現系の初歩的なメニューで、俯瞰する力や、リーダーシップ・フォロワーシップが養われます。

①6人程度のグループをつくる。教師が文字を指定、メンバー全員で相談しながら並んで文字をつくり座る。教師が上から見て、指定した文字に見えたらクリア。

ペア／グループ／全体か	G	実施時間の目安	15分
難　易　度	2	用意するもの	なし

ワンポイント解説

みんなそれぞれに役目がある

①6人程度のグループをつくります。教師が文字を指定し、グループで相談しながら指定された文字を並んでつくります。できたらその場で座り、立ったままの教師が上から見て指定した文字に見えたらクリアです。
指定文字は、まず簡単なアルファベット大文字「A〜E」の5文字とします。いち早く全てクリアしたグループの勝ちです。次は難度を上げて、ひらがなの「ま行」「な行」の5文字を指定します。グループ人数が少ない場合は、曲がりの部分や重なった部分を表現するのは難しいので、人と人の間を手を広げて分かりやすくしてもらうといいでしょう。

これだけは ✕

特になし

やってみて…

漢字や日本地図（都道府県を寝っ転がったり、手を広げて表現する）なども楽しいです。

実施者

68 ペーパータワー

生徒同士のコミュニケーションや協働性を育む、チームビルディングを目的とした代表的なメニューです。

① 3～5人のグループで、A4用紙を使って、制限時間内にできるだけ高い自立可能なタワーをつくる。

ペア／グループ／全体か	G	実施時間の目安	**10分**
難 易 度	1	用意するもの	**A4の紙**

ワンポイント解説

まずつくってみる。作戦会議はその後に

①3～5人のグループをつくり、A4用紙30枚ほどで、制限時間内（3分程度）に、できるだけ高い自立したタワーをつくります。紙は折ってもOKですが、糊やテープなどを使うのはNGです。あくまで配布された紙のみを使用します。

制限時間になり、高さを測り終えるまで、自立していることがルールです。もっとも高いタワーをつくったグループの勝ちとなります。振り返り（作戦会議）の時間を挟んで、2回、3回と繰り返し実施します。

これだけは✕

糊やテープなど自立のための補助道具の使用は禁止です。

やってみて…

慣れてくると、タワーのデザインや使用枚数をいかに減らすかなどの工夫をするように促すのも、面白いです！

実施者

4章

深めるレク
──学び、関係、自分──

中高生だからこそできる、高度なレクになります。ルールが複雑だったり、想像力・創造力がともに必要だったり、最後は表現の形に落とし込むことが求められるメニューも含まれています。自分が他者からどう見えるかの心理戦や、演劇的要素も多分に含まれてきますので、1章から3章のメニューに慣れてから行うことをおすすめします。

　難しいからこそやりがいがありますし、時期によってもメンバーによっても同じ展開にはならないので、何回やっても面白いメニューばかりです。

69 いろんな感じ

普段、無意識に行っている動作を再確認してみましょう。「あれ？」と思う感覚に出会います。自己確認や他者理解にとって、とても大切な感覚です。

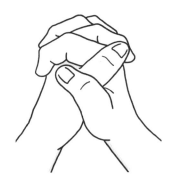

①手握り　左手と右手の指を組んで握る。

②腕組み　普通に腕を組む。

ペア／グループ／全体か	A	実施時間の目安	5分
難易度	1	用意するもの	なし

ワンポイント解説

普段の自分の仕草から他者との違いに気づく

普段の仕草を通して、触覚による自分の感覚や他者との違いに気づいていくワークです。

①自分の左右の指を組んで握ります。どちらの親指が上になっているか確認した後、下になっていたほうの親指が上になるように握り替えてください。しっくりくる感じと、違和感を味わってみましょう。

②自分で腕を組んでみてください。その後、手握りと同じように腕を組み替えます。しっくりくる組み方と違和感を覚える組み方を味わいましょう。

※応用編として、足組み、利き足、利き手、利き目、利き耳があります。

これだけは ✕

特になし

やってみて…

利き手と手握りや腕組みが反対の人もいます。自分の身体バランスや、人によって異なることを知ることができます。

実施者

70 トランプ「仲間はだれだ」

トランプを使った表現メニューです。自分の数字をボディアクションで表現し、同じ数字の仲間を見つけます。自分から相手に働きかける積極性を引き出します。

①同じ数字のカードをペアにして人数分用意する。

②生徒は教師からカードを1枚もらい、数字を確認してポケットにしまう。

③自分の数字を身体で表現し相手を探す。見つけたらその場にしゃがむ。言葉厳禁。

④全員そろったら教師の進行で1組ずつ表現してもらい、みんなで数字を当てる。

| ペア／グループ／全体か | A | 実施時間の目安 | 10分 |
| 難易度 | 3 | 用意するもの | トランプ |

ワンポイント解説

あくまでも、身体全身を使った表現で

①用意するカードの数字をペアにしておきます。絵柄は関係ありません。
②教師から1枚カードをもらい、数字を覚えたらすぐにポケットにしまいます。
③身体全身を使っての数字表現や、数字を連想させる表現で、自分と同じ数字の相手を探します。相手が見つかれば、その場に2人でしゃがみます。
④全員がそろって座ったら、教師の進行で1組ずつ表現し、みんなで数字を当てて確認します。

これだけは✗

言葉は一切使用NG。指で数字を表したり、ウインクや足音などで表現したりするのも禁止です。

やってみて…

「数字を連想させる動き」に限定すると楽しさが倍増します。例えば「10」を表現するのに、お肉をジューっと焼くとかです。

実施者

71 トランプ「わたしはだれ?」

トランプを使ったステイタス・ゲームです。自分を知るために人と関わることが必須のノンバーバルコミュニケーションメニューです。

① トランプを1枚もらって数字を表にし、おでこに貼りつける。本人は絶対に数字を見ない。

② 多くの人と会って、相手のカードが強いと思ったらペコペコとお辞儀をし、弱いと思ったら偉そうな態度を取る。相手の態度から自分の数字を推測する。

ペア／グループ／全体か	A	実施時間の目安	**10分**
難 易 度	2	用意するもの	**トランプ**

ワンポイント解説

できるだけ多くの人とコンタクトをとろう

①カードの強さは「1・13・12…3・2」の順です。
②相手の数字を見て、勝っているだろうと思えば、胸を張って偉そうな態度をします。逆に相手が強そうだと思ったらペコペコとお辞儀をする態度を取ります。どちらか判断できないときは首を傾げます。教師も参加し、表現力の乏しい生徒に積極的に関わりましょう。相手の態度から自分の数字を推測し、3分程度で自分は強いぞと思っている人から順に並びます。最後に隣の人と見比べて確認を終え、教師の合図で一斉にカードを見せ合います。
☆鏡や夜間の窓などは、数字が映ってしまうので注意が必要です。

これだけは ✕

言葉は厳禁です。他の見合っている人にアドバイスをしたり、おせっかいをしたりするのも厳禁です。

やってみて…

社会的地位に馴染みのない生徒が多いので、王様や家来というように遊び心を持って具体的にしてあげるといいでしょう。

実施者

72 なんの話をしてる？

クイズ形式でお題を当てるメニューです。会話を推察する力や文脈を理解する力なども養われます。お題に対するフリートークなので、聞いているだけでも楽しいワークです。

①3人組をつくり、お題に対するフリートークを全員の前で行う。

②聞いている側は、最後まで聞いて、お題を当てる。

ペア／グループ／全体か	G	実施時間の目安	15分
難 易 度	2	用意するもの	なし

ワンポイント解説

自然と、しっかり聞こうという姿勢に

①3人組で決められたお題でフリートークをします。制限時間は1〜3分とします（慣れないうちは短く、様子を見ながら時間を延ばします）。お題は、身近なものや季節のイベントから始め、慣れたら抽象的な言葉へと変えていきましょう。
例えば最初は、にんじん・ウナギ・年賀状や、沖縄・北海道などから始め、青春・夢・幸せなどへと発展させます。

②聞いている側は答えが分かっても最後まで聞き、終わってから答えを言うようにします。

※発展型として、お題が分かった人が会話に入っていくのも面白いです。その際、会話が食い違ったら抜けます。

これだけは ✗

正解を当てられないように、話を撹乱したり、いい加減なことを言うのはNGです。お題そのものを言うことも禁止です。

やってみて…

3人の意見がバラバラに分かれると、聞いている側が混乱して盛り上がります！

実施者

73

王様大変です!

ネガティブ→ポジティブのネガポジ変換ワークです。寓話的な状況を利用して、遊び心を膨らませましょう。即興性が鍛えられ、明るく前向きにもなれるメニューです。

①王様役を1人、従者役を5人決める。1人ずつ従者がやってきて、「王様、大変です!」とネガティブな情報を伝える。王様は「それは良かった! ちょうど○○しようと思っていたところだった」とポジティブに変換して答える。

ペア／グループ／全体か	A	実施時間の目安	**5分**
難 易 度	3	用意するもの	**椅子**

ワンポイント解説

ウソっぽくなればなるほど、面白い！

①王様役を1人、従者役を5人決めます。王様は椅子に座り、従者は王様から2〜3歩離れて並びます。従者は一人ずつ王様の側に来てひざまずき、「王様、大変です！」とネガティブな情報を伝えます。王様は「それは良かった！ ちょうど○○しようと思っていたところだった」とポジティブに変換して答えます。従者は「王様、それは良かったです！」と言って去ります。

次の従者も同じように別のネガティブ情報を伝え、王様はポジティブに変換して答えます。5人繰り返したら王様を交代、全員が王様役をするまで続けます。全体の前でもグループでやってもOKです。

これだけは ✗

本人や周りの人を傷つけることになりかねないので、リアルで深刻な悩みは禁物です。

やってみて…

中世ヨーロッパや戦国時代の設定をイメージしてもらうこともあります！ 現実離れするとユニークな発想が出てきます。

実施者

74 見立て

普段、身の回りにある見慣れたものを何かに見立て、いろんな表現に利用していきます。
ごっこ遊びの原点となるメニューで、大胆な発想力を育てます。

①部屋の周りにある表現材料（バケツ・ちりとり・ほうきなど）を表現エリアに並べる。生徒は表現する順番を決めて、表現エリアをコの字型に囲む。

②表現者は一人ずつ順番に登場し、表現材料を1つ以上使って、材料以外のものとして利用して表現する（例：傘を傘として使ってはダメ）。

ペア／グループ／全体か	A	実施時間の目安	15分
難易度	3	用意するもの	身の回りのもの

ワンポイント解説

大きさの違う材料で、発想も膨らむ

①学校の教室や体育館など、その場所で見つけられるものを表現材料として集めます。掃除道具や椅子、チョークやひも類など、大小織り交ぜて10種類ほど用意するのがおすすめです。他には、ハンガー・ベルト・新聞・雑誌・ペットボトル・筆記用具などもいいでしょう。材料を表現エリアに並べ、生徒は材料をコの字型に囲むように座ります。

②生徒は、表現材料を使っていろんなものに見立て、順番に一人ずつ表現していきます。セリフを使ってお芝居のワンシーンのように表現してもかまいません。利用する材料は1個でも全部使ってもOKです。

これだけは✕

材料そのものをそのものとして使用するのは禁止です。この条件をクリアしていれば、どんな表現も自由です。

やってみて…

アイデアが思い浮かばない人には、2〜3人で一緒にやってもらいます。

実施者

75 何やってんの?

発想と即興性を楽しむメニューです。演技力は気にせず、とりあえずやってみることを大事にします。次から次へと続けるうちに、恥ずかしさもなくなります。

①順番を決め、表現者を中心に輪になり座る(例:表現者は新聞を読んでいる)。

②次の順番の人が表現者に近づき「何やってんの?」と聞く。

③表現者は表現を続けながら、「○○してるの」(例:ラーメン食べてるの)と答える。

④質問者は表現者と入れ替わり、要求された表現をしながら次の質問者を待つ。

ペア／グループ／全体か	A	実施時間の目安	15分
難 易 度	3	用意するもの	なし

ワンポイント解説

まずはやってみる！　だんだん楽しくなる！

①全体で輪になって座ります。表現者は輪の真ん中に入り、歯磨き・掃除・読書・部活動など、与えられたお題を表現します。
②次の生徒が、表現者に「何やってんの？」と声を掛けます。
③声を掛けられた表現者は、表現を続けながら、まったく違うことを答えます。例えば、新聞を読む表現をしたまま、「ラーメン食べてるの」と答えるといった具合です。
④質問した生徒が今度は表現者となり、要求された表現、例で言えば「ラーメンを食べる」マネをします。以降、順番に生徒が入れ替わりながら続けていきます。

これだけは✕

全体の前でやる負荷が大きいので、演技力に言及することは厳禁です。

やってみて…

盛り上げながら続けていると、どんどん楽しくなります。1人が難しい場合は、教師が助っ人をしてもいいと思います。

実施者

76

だんだん

前の人の表現よりも「だんだん」と表現を大きくしていくメニューなので「だんだん」。表現するのが苦手な人も、前の人の表現に刺激されて徐々に表現力が豊かになります。

①3～4人のグループをつくり、一組が前に出る。他のグループは観察する。表現するグループは観察者の前に横一列に並び、教師の出したお題を、1番目の生徒から順にだんだん大きな表現にしていく。
②最後までいったら、教師の合図でグループ全員で一斉に表現する。

イラストの例：「だんだんおかしくなってくる」
にっこり笑う→思わず吹き出す→アハハとお腹がよじれる→ワッハッハハハと笑い崩れる。

ペア／グループ／全体か	G	実施時間の目安	10分
難易度	2	用意するもの	なし

ワンポイント解説

すべての表現が「正解」、すべて「あり」

①表現グループは、グループ内で表現する順番を決め、観察者の前に順に横一列に並びます。教師は各グループにお題を提供します。表現者は１番目から順にお題の表現をだんだん大きくしていきます。最後の人が最大限の表現をします。表現を言葉で説明するのは禁止です（笑い声やうめき声、ため息などはOKとします）。

②全員終わった時点で、教師の合図によりグループメンバー全員で一斉にお題を表現します。

☆お題の例：暑くなる・怖くなる・元気になる・悲しくなるなどがあります。「暑くなる」が課題の場合、「寒い」から始めてもOKです。

これだけは✗

「前の人より表現が小さいよ」など、否定的なコメントをするのは禁止です。また最後の人にオチを求めないようにしましょう。

やってみて…

慣れるまでは全グループ一斉に実施するといいでしょう。ユニークな表現をピックアップしてみんなに見せるのもありです。

実施者

77

ウインクキラー

アイコンタクトをしながら、周りの状況を認識し、犯人を見つける（見つからないようにする）という、複数のタスクを同時にこなす、ちょっと難易度の高いメニューです。

①バレないようにウインクキラーを2人決める。全員で歩き回りながら、ウインクキラーにウインクされた人は、5秒後に倒れる。

②制限時間内（3分など）にウインクキラーを見つけるか、最後に当てる。

ペア／グループ／全体か	G	実施時間の目安	15分
難易度	3	用意するもの	なし

ワンポイント解説

実施は、クラスの仲がある程度できてから

①本人以外は分からないように、くじなどでウインクキラーを2人決めます。自由に歩き回りながら、ウインクキラーは目が合った相手にウインクをします。ウインクされた側は5秒後（すぐ死ぬと犯人がバレるので）に死んで倒れます。死ぬ時は大袈裟に倒れると盛り上がります。止まっているとウインクキラーがだれか分かりやすくなるので、教師は歩き回るよう促します。ちなみに、ウインクキラー同士は殺せません。

②制限時間内（3分など）に犯人を見つけるか、最後に投票して当てます。

☆ウインクにはアイコンタクトが必須ですので、クラスの雰囲気が大事です。

これだけは✕

目を伏せてウインクされないようにするのはNGです。犯人探しもできませんし、生き延びることが目的ではありません。

やってみて…

少人数でも、場所があれば大人数でもできます。ウインクが慣れてない生徒もいますが、やりながら慣れるようにします。

実施者

78 スパイゲーム

市民に紛れているスパイを、会話だけで暴き出す心理トークバトルです。騙すか、見破るか！？ 市民もスパイも、お互いにチームプレイが勝負のカギをにぎるメニューです。

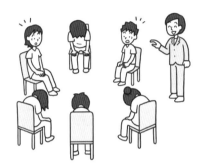

① 6人グループで顔を伏せ、教師が2人をスパイに指名する。4人は市民となる。スパイは、だれがスパイか市民かを確認できる。

② だれがスパイか、怪しいのはだれかを話し合う。「スパイじゃない、市民だ」と主張したり、「ウソっぽいな」と疑ったり。

③ 時間になったら教師の合図で一斉にスパイだと思う人を指差す。外れていたら3回戦まで続ける。

ペア／グループ／全体か	G	実施時間の目安	15分
難易度	3	用意するもの	なし

ワンポイント解説

何気ない仕草も見逃すな！

① 6人で輪になって座り、顔を伏せます。教師は肩をたたくなどして、スパイ2人を指名します。残り4人は市民です。

② 3回戦制で、1回戦は3分間、2回戦は2分、3回戦は1分とします。教師の合図でゲームスタート、時間内にスパイはだれかを推理して議論します。

③ 時間になったら一斉にスパイを指差します。一番多く差された人は、自分がスパイかどうか告白、スパイだったら市民の勝ちです。外れていたら2回戦、3回戦と続けます。3回戦が終わった時点で、スパイが2人とも残っていたらスパイの勝ち。どちらか1人でも当てられたらその時点で終了です。

これだけは✕

市民なのにスパイと偽って市民チームを混乱させるのは禁止です（スパイが市民と偽るのは問題ありません）。

やってみて…

スパイになると普段と様子が変わる生徒や、全く変わらない生徒がいます。そんな様子も含めて振り返るのも楽しいです。

実施者

79 ワードウルフ

少数派を探すコミュニケーションゲームです。あくまでお題についての会話の中で、話の食い違いや不自然な行動から少数派を推測します。

① 4～6人ぐらいのグループをつくり、2種類のお題メモを配布する。

② お題についての会話をしながら、少数派を探り合う。

③ 制限時間後に、みんなで少数派はだれか当てっこをする。

ペア／グループ／全体か	G	実施時間の目安	15分
難易度	3	用意するもの	お題メモ

ワンポイント解説

もしかして、自分が少数派かも？！

①4～6人のグループをつくります。教師は多数派用と少数派用のお題が書かれた2種類のメモを人数分用意しておき、一人ずつに渡します。少数派はグループ人数に合わせて1～2人に調整し、お題はどちらも同じカテゴリーで似通ったものにするのがポイントです（例：オリンピックとワールドカップ、アニメとマンガ）。

②制限時間（およそ2～3分）内で、お題についての会話をしながら少数派を探ります。自分が少数派かもしれないと思い、なかなか話さない生徒もいます。グループ内で会話を振ることが難しい場合は、教師が少し質問するといいでしょう。

③みんなで少数派はだれか当てっこをします。

これだけは ✗

少数派を見つけ出そうと、人を責め立てるようなことはNGです。

やってみて…

会話が苦手な生徒もいます。そんな時は、仲の良い友達や話を振れる生徒と一緒のグループにして慣れてもらいましょう。

実施者

80 おしゃべり仲間

自分以外のものになりきり、井戸端会議のようにおしゃべりをします。想像を膨らませた会話は聞いていて楽しいです。話題の変化に合わせるのはグループワークなどでの対応力を高めます。

①順番を決め、最初の3人が椅子に座る。他の人は観察。まず教師が「みんな○○」とお題を出す（例：犬）。

②みんな犬になり、犬の気持ちで会話する。例：「散歩してくれる？」「朝、1回だけ」

③教師の合図でおしゃべり終了。席を1つずらして4番目がおしゃべりに参加。1番目の人が抜けて次のお題を出して観察者へ。

ペア／グループ／全体か	A	実施時間の目安	15分
難易度	2	用意するもの	なし

ワンポイント解説

2分程度で、お題をチェンジ！

①椅子を横一列に3個並べ、3人が椅子に座ります。他の人は観察者となります。教師がまず「みんな○○（例：犬）」とお題を出します。

②3人は犬の気持ちでおしゃべりを始めます。

③教師は、おしゃべりの進展具合を見ながら2分程度で終了させます。1番目の人が抜けて出題者となり、他の2人は席を1つ横にズレて残ります。空いている椅子に4番目の人が座ります。出題者は「(例) みんな冷蔵庫」とお題を出し、観察者に戻ります。以降、繰り返します。

これだけは✗

クラスみんなが楽しく演劇的な表現に取り組める状態になる前に行うのはやめましょう。

やってみて…

生徒が多い場合は、3人一組でグループ分けをし、一度に全員交代するようにしています。

実施者

81 ポートレート

グループで1枚の静止画（写真）を創作します。写真を撮った状況や構成などをグループで相談して、実際に演じることで協働性や表現力、構成力なども身につきます。

①「家族写真」などのお題に沿った写真（動きはなしでポーズだけ）を、グループで話し合い、創作する。

②発表会をする。家族写真が、七五三なのか結婚式なのか、どのような状況を表現しているか、当てっこをする。

ペア／グループ／全体か	G	実施時間の目安	15分
難 易 度	3	用意するもの	なし

ワンポイント解説

大切なのは、話し合いのプロセスです

①4～6人のグループを、2～6組つくります。グループで相談して、お題に沿った、全員が登場するポートレートをつくります。創作時間は3分、お題は「家族写真」「運動会」「青春の1枚」などにします。グループでは写真の状況（年代や季節・場所・記念日・人物構成など）を話し合って、写真を創作していきます。ペットや場所・思い出を象徴するモノになるのもOKです。

☆グループ数が多いと発表会が間延びします。創作時間は状況によって1～2分延長しましょう。

②発表会をします。写真を表現し、どのような状況を表現しているのかを、当ててもらいます。

これだけは✗

伝わる写真をつくらないとダメといった表現スキル重視の声掛けや指導は厳禁です。

やってみて…

一見分かりにくい表現も、状況や人物などはしっかり考えていることが多いので、丁寧に聞くようにしています。

実施者

82

リレー物語

頭の中で即興的に文章を構成し、次の人にバトンタッチしながら架空の物語をつむぎだしていきます。物語の意外な展開を楽しみながら、日本語を再確認します。

① 6人ぐらいのグループに分かれて椅子に座る。最初の語り手は「昔々」で始まる文をつくり、適度な文で次の人に物語を受け渡す。

② 順番に、それぞれ適度な文で次の人にリレーし、最後の人が物語をまとめ、「…。めでたしめでたし。」で終了。

ペア／グループ／全体か	G	実施時間の目安	**10分**
難易度	3	用意するもの	**椅子**

ワンポイント解説

物語の意外な展開を楽しんで！

①椅子に座り１番目の語り手が「昔々」で物語を話し始めます。文をつくるのは即興で自由に発想して結構ですが、あまり複雑な登場人物だと収拾がつかなくなるので注意しましょう。文の長さは適度にして次の人に渡します。もちろん１つの文節だけでもOKです。

②次の語り手は、物語を受けつぎ発展させながら、次の人に渡していきます。最後の人は、いままで語られた物語を上手くまとめ「…。めでたしめでたし。」で、物語を完結させます。

これだけは✗

主人公を何度も殺したり復活させたりすると話が展開しません。特定の人が傷ついたり、名指ししたりする文は禁止です。

やってみて…

１人の文が長いと負担になるので、短い文や接続詞でどんどんつないでいけば楽しくなります。

実施者

83

イチガン

簡単なアクティビティも、合わせると一気に難しくなります。協働性や、どう目標を立てるかの合意形成が求められる、チームビルディングのメニューです。

①グループで、しりとりとボール回しの2種類のアクティビティを同時に1分30秒間行う。

②どちらもより多くできることを目指して2回目、3回目を行うが、それぞれ実施前に目標値を話し合って決める。

ペア／グループ／全体か	G	実施時間の目安	15分
難易度	3	用意するもの	ボール

ワンポイント解説

目標値の設定は、しっかりと現実的に

①6人程度のグループで輪になり、同時に2つのアクティビティを行います。1つは「しりとり」で、起点から左回りでしりとりをしていきます。もう1つは「ボール回し」です。ボールを起点から向かいの人に投げ、もらった人は別の向かいの人に投げ、被らないように全員にボールを回して、最後は起点の人に戻します（一筆書きルール）。教師の合図で2つのアクティビティを同時に1分30秒続け、しりとりとボール回しがそれぞれ何回できたかを数えます。グループ対抗でどちらも多いグループが勝ちです。

②目標値を相談して決めてから、2回目、3回目とチャレンジします。

これだけは✗

適当な目標や無謀な目標設定は禁止です。1人だけの意見で決めるのも避けましょう。

やってみて…

数値を伸ばすための練習時間を設けることもあります。目標設定にグループごとの性格が出るのが面白いです。

実施者

サイズ別索引

A 全体

No.	レク名	ページ
1	あいさつタッチ	18
3	ジャンケン遊び①	22
4	ジャンケン遊び②	24
7	せーのジャンプ	30
8	ジャンケンバスケット	32
9	ヤドカリさん	34
10	うちの猫知りませんか？	36
14	自分を探せ！	44
15	タコつぼキャッチ	46
16	言うこと一緒 やること逆	48
17	だるまさんが転んだ	50
18	合体オニゴッコ	52
20	ボトルフリップ	56
25	なんでもバスケット	68
26	なんでもバスケット　ペアver.	70
27	仲間集め①	72
28	仲間集め②	74
29	あなたはどっち派	76
35	エイトカウント	88
40	割り箸リレー	100
50	隠れてる生き物を探そう	120
51	あるなしクイズ	122
54	言葉の扉	128
56	カウントジャンプ	132
58	みんなで歩く・止まる	136
59	発信基地	138
60	イルカの調教	140
64	椅子取りゲーム	148
69	いろんな感じ	160
70	トランプ「仲間はだれだ」	162
71	トランプ「わたしはだれ？」	164
73	王様大変です！	168
74	見立て	170
75	何やってんの？	172
80	おしゃべり仲間	182

AG 全体・グループ

No.	レク名	ページ
2	ネームリング	20
11	拍手回し	38
23	ウソつき自己紹介	64
24	他己紹介	66
52	同じ画数の漢字を集めよう！	124
53	「田」の中の漢字を探せ！	126
57	カウントアップ	134

G グループ

No.	レク名	ページ
12	ジップ・ザップ・ボーン	40
13	ネームトス	42
21	増しまし自己紹介	60
22	四分割自己紹介	62
34	連想三歩	86
43	パタパタ	106
44	ハイ・イハ・ドン	108
46	ナンバーコール	112
47	30言ったらドボン	114
48	50カウント	116
49	あぶりカルビ	118
55	身体でしりとり	130
61	人間知恵の輪①	142
62	人間知恵の輪②	144
63	フラフープリレー	146
65	一筆書き	150
66	みんなで一言	152
67	人文字	154
68	ペーパータワー	156
72	なんの話をしてる？	166
76	だんだん	174
77	ウインクキラー	176
78	スパイゲーム	178
79	ワードウルフ	180
81	ポートレート	184
82	リレー物語	186
83	イチガン	188

P ペア

No.	レク名	ページ
5	足し算ジャンケン	26
19	ひざカルタ	54
30	ブラインド体操	78
31	餅つき	80
32	1・2・3	82
33	ナイフとフォーク	84
37	ブラインドウォーク	92
41	ジャックと海賊	102
42	手裏剣合戦	104

PG ペア・グループ

No.	レク名	ページ
6	セブンイレブンジャンケン	28
36	ハンドリンク	90
38	おまかせバランス	94
39	和になろう	96
45	いっせーのーせ	110

難易度別索引

●難易度1

No.	レク名	ページ
1	あいさつタッチ	18
2	ネームリング	20
3	ジャンケン遊び①	22
4	ジャンケン遊び②	24
5	足し算ジャンケン	26
6	セブンイレブンジャンケン	28
7	せーのジャンプ	30
8	ジャンケンバスケット	32
9	ヤドカリさん	34
10	うちの猫知りませんか？	36
11	拍手回し	38
12	ジップ・ザップ・ボーン	40
13	ネームトス	42
14	自分を探せ！	44
15	タコつぼキャッチ	46
17	だるまさんが転んだ	50
18	合体オニゴッコ	52
19	ひざカルタ	54
20	ボトルフリップ	56
21	増しまし自己紹介	60
25	なんでもバスケット	68
27	仲間集め①	72
28	仲間集め②	74
29	あなたはどっち派	76
31	餅つき	80
32	1・2・3	82
37	ブラインドウォーク	92
40	割り箸リレー	100
41	ジャックと海賊	102
42	手裏剣合戦	104
43	パタパタ	106
44	ハイ・イハ・ドン	108
45	いっせーのーせ	110
47	30言ったらドボン	114
48	50カウント	116
49	あぶりカルビ	118
50	隠れてる生き物を探そう	120
51	あるなしクイズ	122
52	同じ画数の漢字を集めよう！	124
53	「田」の中の漢字を探せ！	126
57	カウントアップ	134
68	ペーパータワー	156
69	いろんな感じ	160

●難易度2

No.	レク名	ページ
16	言うこと一緒 やること逆	48
22	四分割自己紹介	62
23	ウソつき自己紹介	64
24	他己紹介	66
26	なんでもバスケット　ペアver.	70
30	ブラインド体操	78
33	ナイフとフォーク	84
34	連想三歩	86
35	エイトカウント	88
46	ナンバーコール	112
54	言葉の扉	128
55	身体でしりとり	130
56	カウントジャンプ	132
60	イルカの調教	140
61	人間知恵の輪①	142
63	フラフープリレー	146
64	椅子取りゲーム	148
65	一筆書き	150
66	みんなで一言	152
67	人文字	154
71	トランプ「わたしはだれ？」	164
72	なんの話をしてる？	166
76	だんだん	174
80	おしゃべり仲間	182

●難易度3

No.	レク名	ページ
36	ハンドリンク	90
38	おまかせバランス	94
39	和になろう	96
58	みんなで歩く・止まる	136
59	発信基地	138
62	人間知恵の輪②	144
70	トランプ「仲間はだれだ」	162
73	王様大変です！	168
74	見立て	170
75	何やってんの？	172
77	ウインクキラー	176
78	スパイゲーム	178
79	ワードウルフ	180
81	ポートレート	184
82	リレー物語	186
83	イチガン	188

幸野ソロ（Solo Kouno）

1973年兵庫県神戸市生まれ。法政大学法学部法律学科卒業。劇団所属、劇団立ち上げを経て、青山学院大学ワークショップデザイナー育成プログラム修了。
2019年特定非営利活動法人ドラマケーション普及センター理事長に就任。
専門分野は、チームビルディング、コミュニケーション能力向上、体験型リーダーシップ。
企業研修や小中高校から専門学校などでのワークショップ講師を毎年150回以上行う。
「主体的に多くの気づきを得られるよう、教えるより見守ること」をモットーにしている。

〈制作協力者〉
・石川健二（演技集団朗）
・小宅崚太
・金井麻衣子（＋new Company）
・小比類巻大和
・しずく
・中嶌一彦
・伴あさみ（未来教育劇団ここたね）
・八乙女真記子
・谷津かおり
・吉田みずほ

カンタンなのにこんなに楽しい！
中学・高校「学級レク」83

2025年3月21日　初版第1刷発行

著　者　幸野ソロ
発行者　鈴木宣昭
発行所　学事出版株式会社　〒101-0051東京都千代田区神田神保町1-2-5
　　　　電話　03-3518-9655（代表）　https://www.gakuji.co.jp

編集担当　戸田幸子　　執筆協力　小山由絵　　編集協力　酒井昌子
表紙・本文イラスト　松永えりか（フェニックス）
本文デザイン・組版　株式会社明昌堂　　装丁デザイン　西巻直美（株式会社明昌堂）
印刷・製本　電算印刷株式会社

©Solo Kouno,2025 Printed in Japan
ISBN 978-4-7619-3048-6 C3037
落丁・乱丁本はお取替えいたします。
本書の全部または全部を無断で複写（コピー）することは、著作権法上での例外を除き禁じられています。